Henriette Wulff • Fotografie: Toby Wulff

DIRTY EATING

68 verboten gute Rezepte für die Extraportion **LEBENSFREUDE**

No Rules! Just Wow!

CHRISTIAN

INHALT

VORWORT

Die einzige Regel in diesem Kochbuch lautet: Es gibt keine Regeln!

Denn ich habe es satt! Überall und immerzu wird uns gesagt, was wir essen sollen, was gut für uns ist und was nicht. Doch nicht nur andere machen uns den Genuss schwer – wir selbst sind oft am strengsten mit uns. Aber mal ehrlich, was wäre das Leben ohne Hemmungslosigkeit und ohne Leidenschaft? Warum nicht einfach dem Reiz des Verbotenen nachgehen und sich an fettigen Pommes, saftigen Burgern, süßer Torte und kühlem Bier erfreuen?

Genuss mit angezogener Handbremse ist für mich tabu. Ich liebe es opulent, üppig und ausladend und gönne mir gerne mal einen großen Teller Lebensfreude mit einer Extraportion Vergnügen.

My way of dirty eating: Fett, Kohlenhydrate & Co. sind keine Sünden, sondern herrliche Dinge, die unser Leben schöner machen. Die Worte Diät und Selbstoptimierung werden aus dem Wortschatz gestrichen und durch Glückseligkeit und Gelassenheit ersetzt. Anstatt Kalorien zähle ich lieber fröhliche Stunden. Hüftgold ist eine sinnvolle Wertanlage und das schlechte Gewissen lassen wir gar nicht erst aufkommen. Es wird nur das gekocht, was wirklich schmeckt und der Seele guttut. Essen und Kochen sind keine reine Nährstoffaufnahme oder lästige Pflicht, sondern pures Vergnügen …

Und nun, lasst es uns tun. Let's eat DIRTY!

Henriette

CARBS

LEGALIZE THEM!

Sagen wir Kohlenhydraten den Kampf an, denn sie sind gefährlich. Am besten greifen wir schnell zu Messer und Gabel und vernichten sie so schnell wie möglich! Ob Pizza, Kartoffelpuffer, Pommes oder Nudeln – meine Rezepte bringen Kohlenhydrate in ihren schönsten und üppigsten Formen auf den Tisch und machen dabei einfach rundum glücklich.

KROSSE KARTOFFELPUFFER
MIT KIMCHI-SCHMAND

In Korea wird Kimchi fast zu jeder Mahlzeit gegessen. Das fermentierte Gemüse ist wahnsinnig geschmacksintensiv und unglaublich lecker. Weil ich ein großer Kimchi-Fan bin, kombiniere ich es gerne mit regionalen Produkten und so bin ich auf die Variante mit Kartoffelpuffern und Schmand gekommen.

ZUTATEN FÜR 4 PERSONEN

ZUTATEN

FÜR DAS TOPPING

250 g Kimchi (aus dem asiatischen Supermarkt)
400 g Schmand
Salz
frisch gemahlener schwarzer Pfeffer
1 kleine rote Zwiebel (etwa 50 g)
1 Bund Koriandergrün
1 EL helle Sesamsamen, geröstet
1 EL schwarze Sesamsamen

FÜR DIE KARTOFFELPUFFER

1,5 kg mehligkochende Kartoffeln
1 große Zwiebel (etwa 150 g)
3 Eier
2 gehäufte EL Weizenmehl (Type 405)
2 TL geriebener Ingwer
2 TL Sesamöl
Salz
frisch gemahlener schwarzer Pfeffer
5–6 EL Butterschmalz

ZUBEREITUNG

TOPPING

Das Kimchi klein schneiden, 4 EL für die Garnierung aufbewahren, und mit dem Schmand vermengen. Mit Salz und Pfeffer abschmecken. Die Zwiebel abziehen und in sehr feine Ringe schneiden. Den Koriander waschen, trockenschütteln und die Blättchen von den Stängeln zupfen. Alles zur späteren Verwendung beiseitestellen.

KARTOFFELPUFFER

Die Kartoffeln schälen und die Zwiebel abziehen. Beides grob raspeln und die Flüssigkeit aus der Masse herausdrücken. Das geht am besten mit den Händen. Die Kartoffel-Zwiebel-Masse mit den Eiern, Mehl, Ingwer und Sesamöl vermengen. Alles mit Salz und Pfeffer abschmecken.

3 EL Butterschmalz in einer Pfanne erhitzen und je Kartoffelpuffer 2–3 EL Kartoffelpuffermasse hineingeben. Die Kartoffelpuffer sollten jeweils einen Durchmesser von etwa 10–12 cm haben. Die Kartoffelpuffer portionsweise von jeder Seite bei mittlerer Temperatur 5–7 Minuten braten, bis sie goldbraun und knusprig sind. Zwischen den einzelnen Bratvorgängen immer wieder etwas Butterschmalz hinzugeben. Die fertigen Kartoffelpuffer im Backofen warm halten.

ANRICHTEN

Die Kartoffelpuffer mit Zwiebelringen, Korianderblättchen, restlichem Kimchi und Sesamsamen garnieren und mit dem Kimchi-Schmand servieren.

TIPP

Kimchi bekommt man als importiertes Fertigprodukt in asiatischen Supermärkten. Es gibt mittlerweile aber auch kleine, regionale Manufakturen, die Kimchi herstellen.

CRUNCHY ARANCINI
MIT TRÜFFEL-BLUMENKOHL-FÜLLUNG

Arancini sind ein sizilianischer Streetfood-Klassiker und einfach nur traumhaft. Kein Wunder, denn es handelt sich um frittierten Risotto. Eigentlich könnte man es hierbei belassen, aber ich wollte noch einen draufsetzen und habe die Bällchen mit einer reichhaltigen Creme aus Blumenkohl und schwarzem Wintertrüffel gefüllt.

ZUTATEN FÜR 4 PERSONEN (12 STÜCK)

ZUTATEN

FÜR DEN RISOTTO

4 mittelgroße Schalotten (etwa 80 g)
1,5 l Gemüsefond
5 EL Rapsöl
500 g Risottoreis
200 ml trockener Weißwein
2 Zweige frischer Rosmarin, gewaschen
100 g Parmesan, frisch gerieben
50 g Butter
Salz
frisch gemahlener schwarzer Pfeffer

FÜR DIE ARANCINI

500 g Blumenkohl
25 g Butter
50 g Schmand
40 g schwarzer Wintertrüffel
Salz
frisch gemahlener schwarzer Pfeffer
3 Eier
4 EL Weizenmehl (Type 405)
200 g Pankobrösel (aus dem asiatischen Supermarkt)
2 l Rapsöl zum Frittieren

ZUBEREITUNG

RISOTTO

Die Schalotten abziehen und in feine Würfel schneiden. Den Gemüsefond in einen Topf geben und erhitzen. In einem weiteren Topf das Öl heiß werden lassen und die Schalotten darin 2 Minuten glasig anschwitzen. Dann den Risottoreis dazugeben und 2 Minuten mit anschwitzen, bis der Reis leicht glasig geworden ist. Dabei immer wieder umrühren, sodass der Reis nicht ansetzt. Mit Weißwein ablöschen und die ganzen Rosmarinzweige hinzugeben.

Eine Schöpfkelle Fond dazugeben und umrühren. Weiterrühren, bis der Reis den Fond aufgesaugt hat. Nun immer wieder kellenweise Fond hinzufügen und unterrühren. Nach etwa 20 Minuten ist der Reis gar. Zwischendurch probieren – der Reis sollte noch leichten Biss haben. Parmesan und Butter hinzugeben und gut vermengen. Mit Salz und Pfeffer abschmecken. Über Nacht kühl stellen

ARANCINI

Den Blumenkohl in kleine Stücke schneiden und in gesalzenem Wasser 10 Minuten weich garen. Abgießen und zurück in den Topf geben. Den Blumenkohl 1 Minute bei mittlerer Temperatur ausdampfen lassen und dabei umrühren. Es sollte so wenig Flüssigkeit wie möglich im Blumenkohl verbleiben. Den Blumenkohl mit einem Kartoffelstampfer fein zerdrücken, dann Butter und Schmand unterrühren.
25 g des Trüffels fein reiben und unter die Blumenkohlmasse rühren. Mit Salz und Pfeffer abschmecken.

AUSSERDEM

Schaumkelle, Küchenpapier

WEITERE ZUBEREITUNG

Eier in eine Schüssel aufschlagen und mit einer Gabel verquirlen. Das Mehl und die Pankobrösel in je eine Schüssel geben. Alles zum Panieren bereitstellen.

Zum Formen der Arancini 2 großzügige EL Risotto in der Handfläche zu einem flachen Kreis formen. 1 EL Füllung in die Mitte des Kreises geben und mit dem Reis umschließen, sodass ein rundes Bällchen entsteht. Die Bällchen sollten etwa die Größe von Boule-Kugeln haben. Insgesamt 12 Bällchen formen. Die Arancini zuerst rundherum in Mehl, dann in Ei und zum Schluss in Pankobröseln wenden.

Das Rapsöl in einem Topf erhitzen. Einen Holzstab in das Öl halten – wenn sich daran kleine Bläschen bilden, ist das Öl heiß genug zum Frittieren. Ein Bällchen vorsichtig mit einer Schaumkelle in das heiße Öl geben und in 1–2 Minuten goldbraun und knusprig frittieren. Dabei das Bällchen immer wieder wenden, damit es nicht am Topfboden liegen bleibt. Es wird sonst ungleichmäßig braun und kann anbrennen. Ebenso mit den anderen Bällchen verfahren. Die fertigen Arancini auf Küchenpapier abtropfen lassen.

Vor dem Servieren den restlichen Trüffel fein über die Arancini reiben.

TIPP

Anstatt mit Trüffel kann man die Blumenkohlcreme auch mit Schinkenwürfeln, Pancetta, Speck, Kapern oder geriebenem Parmesan verfeinern.

HEFTIG-DEFTIGER KARTOFFEL-FLAMMKUCHEN

Mein Flammkuchen ist reichhaltig beladen mit wohlschmeckenden Dingen wie Pancetta, Taleggio und Pistazien. Die herzhaften Aromen werden durch einen Hauch Ahornsirup hervorgehoben – herrlich klebrig und würzig!

ZUTATEN FÜR 4 PERSONEN

ZUTATEN

FÜR DEN TEIG

250 g Weizenmehl (Type 405)
1 gestrichener TL Backpulver
1 TL Zucker
¼ TL Salz
6 EL Olivenöl

FÜR DEN BELAG

200 g festkochende Frühkartoffeln
250 g Taleggio (würziger italienischer Käse)
200 g Schmand
2 Prisen Muskatnuss, frisch gerieben
frisch gemahlener schwarzer Pfeffer
25 g Parmesan, frisch gerieben
2 TL frischer Rosmarin, gewaschen und fein gehackt
70 g sehr dünn aufgeschnittener Pancetta
50 g geröstete und gesalzene Pistazien (entspricht etwa 100 g mit Schale)
2–3 EL Ahornsirup

AUSSERDEM

Backblech

ZUBEREITUNG

TEIG

Für den Teig das Mehl mit dem Backpulver, Zucker und Salz vermengen. 120 ml Wasser und 4 EL Olivenöl hinzugeben und alles mit den Händen zu einem glatten Teig verkneten. Das Backblech mit dem restlichen Olivenöl einfetten. Den Teig etwa 3 mm dünn ausrollen und auf das Backblech legen. Den Ofen auf 200 °C (Umluft) vorheizen.

BELAG

Für den Belag die Kartoffeln waschen, gründlich sauber bürsten und etwa 1 mm dünn schneiden oder hobeln. Den Taleggio in 5 mm dünne Scheiben schneiden. Den Schmand gleichmäßig auf den Teig streichen und mit Muskatnuss und Pfeffer würzen. Nicht salzen, da der Belag sehr salzig ist. Den Parmesan auf den Schmand streuen, dann den Taleggio und danach die Kartoffelscheiben auf den Flammkuchen legen. Mit Rosmarin bestreuen und zum Schluss den Pancetta auf dem Flammkuchen verteilen.

WEITERE ZUBEREITUNG

Den Flammkuchen auf der mittleren Schiene im Backofen 20 Minuten backen, bis er leicht gebräunt ist. Währenddessen die Pistazien grob hacken.

Den Flammkuchen vor dem Servieren mit Pistazien bestreuen und mit Ahornsirup beträufeln.

TIPP

Pancetta, ein Bauchspeck, und Taleggio, ein würziger Käse, sind beides Spezialitäten aus Italien. Man bekommt sie in Metzgereien, Käse- oder Feinkostgeschäften.

BAGEL-AUFLAUF
MIT LACHS, KAPERN & FRISCHEM MEERRETTICH

Der Bagel-Auflauf ist die volle Ladung für einen gelungenen Start in den Tag: Mit allem drum und dran schmeckt er zum Frühstück, Brunch oder Brinner. Wenn es so köstlich duftet, springt selbst der größte Morgenmuffel wie ein Blitz aus den Federn. Und auch der schlimmste Hangover ist schnell vergessen.

ZUTATEN FÜR 6 PERSONEN

ZUTATEN

8 Sesam-Bagels
4 Frühlingszwiebeln (etwa 100 g)
1 Bund frischer Dill
4 Eier
400 g Crème fraîche
100 ml Milch
2 Prisen gemahlener Cayennepfeffer
2 Prisen Muskatnuss, frisch gerieben
Salz
frisch gemahlener schwarzer Pfeffer
2 EL Olivenöl für die Form
4 EL eingelegte Kapern in Salzlake
200 g geräucherter Wildlachs (in Scheiben)
5–6 cm frische Meerrettichwurzel

AUSSERDEM

Auflaufform (etwa 35 x 25 cm)

ZUBEREITUNG

Die Bagels quer halbieren. Die Frühlingszwiebeln waschen, putzen und in feine Röllchen schneiden. Den Dill waschen, trockenschütteln und fein hacken – einige Dillspitzen für die Garnierung beiseitelegen.

Die Eier aufschlagen, in eine Schüssel geben und verquirlen. Dann die Crème fraîche, Milch, Frühlingszwiebeln, Dill, Cayennepfeffer und Muskatnuss unterrühren. Alles mit Salz und Pfeffer abschmecken.

Die Auflaufform mit Olivenöl ausfetten. Den Ofen auf 180 °C (Umluft) vorheizen.

Die eine Hälfte der Bagel-Scheiben in die Form schichten und mit der Hälfte der Crème-fraîche-Eier-Mischung übergießen. Dann 2 EL Kapern und die eine Hälfte der Lachsscheiben darüber verteilen. Nun die übrigen Bagel-Hälften darüberschichten und den restlichen Lachs sowie weitere 2 EL Kapern darauf verteilen. Mit der restlichen Crème-fraîche-Eier-Mischung übergießen.

Alles auf der mittleren Schiene 30–35 Minuten im Ofen backen, bis die Bagels goldbraun sind.

Die Meerrettichwurzel schälen und vor dem Servieren frisch über den Auflauf raspeln. Zum Schluss mit Dillspitzen garnieren.

TIPP

Wenn keine frische Meerrettichwurzel erhältlich ist, einfach Tafel-Meerrettich oder Sahne-Meerrettich aus dem Glas dazu reichen.

KAISERLICHER APFELSCHMARREN
MIT BLUTWURST-CRUMBLE & FRITTIERTEM SAUERKRAUT

Mit diesem herzhaften Schmarren wird die nächste Hüttengaudi richtig deftig, denn auf die fluffige Mehlspeise kommt ein Topping aus Blutwurst-Crumble und knusprig ausgebackenem Sauerkraut. Definitiv nichts für Sissis!

ZUTATEN FÜR 4 PERSONEN

ZUTATEN

FÜR DEN KAISERSCHMARREN

275 g Weizenmehl (Type 405)
½ TL Backpulver
2 Prisen Muskatnuss, frisch gerieben
4 Eier
250 ml Milch
1 großer säuerlicher Apfel (etwa 200 g)
1 kleine rote Zwiebel (etwa 50 g)
2 EL Butterschmalz
2 EL frischer Majoran, gewaschen und gehackt + einige Blättchen zum Garnieren
Salz
frisch gemahlener schwarzer Pfeffer

FÜR DEN BLUTWURST-CRUMBLE

300 g rohe Blutwurst
1 EL Weizenmehl (Type 405)
1 EL Butterschmalz

ZUBEREITUNG

KAISERSCHMARREN

Das Mehl mit dem Backpulver und der geriebenen Muskatnuss vermengen. Die Eier trennen und das Eiweiß beiseitestellen. Das Eigelb und die Milch mit einem Handmixer verrühren. Das Mehl portionsweise zur Eiermilch geben und verrühren, bis eine gleichmäßige Teigmasse entstanden ist. Mit Salz und Pfeffer abschmecken. Den Teig 10 Minuten ruhen lassen.

Währenddessen den Apfel waschen, achteln, entkernen und in dünne Scheiben schneiden. Die Zwiebel abziehen und fein würfeln. 1 EL Butterschmalz in einer Pfanne erhitzen und darin die Zwiebelwürfel 2–3 Minuten glasig anschwitzen. Die Äpfel hinzugeben und mit den Zwiebeln und Majoran vermengen.

Den Ofen auf 180 ºC (Umluft) vorheizen.

Das Eiweiß mit 1 Prise Salz in einer Schüssel steif schlagen. Nach der Teigruhe das Eiweiß vorsichtig und nach und nach unter die Teigmasse heben.

Die Teigmasse auf die Äpfel und Zwiebeln geben und alles leicht verrühren. Den Kaiserschmarren auf der mittleren Schiene im Backofen 15 Minuten backen. Aus dem Ofen nehmen und wieder auf den Herd stellen. Den Kaiserschmarren mit zwei Gabeln grob in mundgerechte Stücke zerteilen und das restliche Butterschmalz in Flöckchen darüber verteilen. Den Kaiserschmarren bei mittlerer Temperatur 5 Minuten braten, dabei die Stücke ab und zu wenden.

BLUTWURST-CRUMBLE

Während der Kaiserschmarren im Ofen ist, das Blutwurstbrät mit den Händen in kleine Stücke zupfen und dann rundherum mit Mehl bestauben. Das Butterschmalz in einer Pfanne erhitzen und die Blutwurststückchen darin von allen Seiten bei mittlerer Temperatur 6–7 Minuten anbraten. Bis zum Servieren warm halten.

FÜR DAS FRITTIERTE SAUERKRAUT

400 g naturbelassenes Sauerkraut

200 ml Pflanzenöl zum Frittieren

1 EL Weizenmehl (Type 405)

AUSSERDEM

ofenfeste Pfanne, Küchenpapier

FRITTIERTES SAUERKRAUT

Für das frittierte Sauerkraut das Sauerkraut gut ausdrücken und dann mit Küchenpapier abtrocknen. Es sollte möglichst trocken sein, damit das Fett beim Frittieren nicht spritzt und das Sauerkraut schön knusprig wird. Das Öl in einem kleinen Topf erhitzen. Es ist heiß genug, wenn man ein Holzstäbchen hineinhält und sich kleine Bläschen daran bilden. Das Sauerkraut rundherum mit Mehl bestauben und portionsweise für je 1 Minute frittieren, bis es leicht gebräunt und knusprig ist. Das Sauerkraut mit einer Schaumkelle aus dem heißen Fett nehmen und auf Küchenpapier abtropfen lassen.

ANRICHTEN

Zum Servieren zuerst den Blutwurst-Crumble und dann das Sauerkraut auf dem Kaiserschmarren verteilen. Mit Majoranblättchen garnieren.

TIPP

Anstatt Blutwurst schmecken zum Schmarren auch Bratwurst, Kasseler oder Buletten. Für die Veggie-Variante einfach vor dem Servieren etwas Bergkäse darüberreiben.

FANTASTISCHE FRITTEN

POUTINE MIT MANCHEGO UND PAPRIKA-KORIANDER-SALSA

Pommes sind ja an sich schon eine Köstlichkeit. Den Kanadiern ist es gelungen, sie noch schmackhafter zu machen, und nannten es »Poutine«: Fritten mit Bratensauce und Käse. Mittlerweile gibt es sie in unzähligen Varianten – auf meinem Teller landen sie mit einer fruchtigen Paprika-Salsa und Manchego.

ZUTATEN FÜR 4 PERSONEN

ZUTATEN

FÜR DIE PAPRIKA-KORIANDER-SALSA

1 kg rote Paprikaschoten
1 große rote Zwiebel (etwa 100 g)
1 Knoblauchzehe
1 TL Peperoni, entkernt und fein gehackt
2 TL Ahornsirup
2 EL Olivenöl
1 TL Schalenabrieb von einer unbehandelten Orange
2 EL Orangensaft
Salz
frisch gemahlener schwarzer Pfeffer
2 Stängel frische Minze, gewaschen
1 Handvoll Koriandergrün, gewaschen

FÜR DIE FRITTEN

1 kg festkochende Kartoffeln
2 l Pflanzenöl zum Frittieren
Salz

WEITERE ZUTATEN

200 g Manchego
etwas Koriandergrün, gewaschen, und frische Minzblättchen, gewaschen, zum Garnieren

AUSSERDEM

Backblech, Backpapier

ZUBEREITUNG

PAPRIKA-KORIANDER-SALSA

Für die Paprika-Koriander-Salsa den Backofen auf 250 °C (Umluft) vorheizen. Die Paprikaschoten waschen, den Strunk und die Kerne entfernen und die Paprika vierteln. Die Paprikastücke mit der Hautseite nach oben auf ein mit Backpapier belegtes Blech legen und auf der mittleren Schiene im Backofen 20 Minuten backen, bis die Oberfläche an einigen Stellen schwarz geworden ist. Die Paprika aus dem Ofen nehmen und abkühlen lassen, dann die Haut abziehen und das Fruchtfleisch sehr fein hacken.

Die Zwiebel abziehen und in feine Würfel schneiden. Den Knoblauch abziehen und fein reiben. Paprika, Zwiebel, Knoblauch, Peperoni, Ahornsirup, Öl, Orangenschalenabrieb und -saft miteinander vermengen. Mit Salz und Pfeffer würzen. Minzblätter von den Stängeln zupfen und zusammen mit dem Koriandergrün waschen, trockenschütteln und grob hacken. Die Salsa kurz vor dem Servieren leicht erwärmen und dann die Kräuter unterrühren.

FRITTEN

Für die Fritten die Kartoffeln gut waschen und in 1,5–2 cm dicke Stäbchen schneiden. Die Kartoffelstäbchen dreimal hintereinander sorgfältig in einer Schüssel mit Wasser waschen. Das Wasser jedes Mal erneuern. Die Fritten gut abtrocknen, da das Fett sonst zu sehr spritzt.

Das Frittieröl in der Fritteuse auf 150 °C erhitzen. Dabei die individuelle Füllhöhe der Fritteuse beachten und ggf. mehr oder weniger Öl einfüllen. Die Fritten zunächst 5–6 Minuten portionsweise frittieren und abkühlen lassen. Dann die Temperatur in der Fritteuse auf 175 °C erhöhen und die Fritten nochmals 5 Minuten knusprig und goldgelb frittieren. Die Fritten auf Küchenpapier abtropfen lassen und mit Salz würzen.

ANRICHTEN

Den Manchego grob zerbröseln. Die Fritten auf einem Teller oder in einem Snack-Korb anrichten, die Salsa darauf verteilen und den Manchego darüberstreuen. Mit Koriander und Minzblättchen garnieren und sofort servieren.

LINSEN MIT SPÄTZLE 2.0

Linsen mit Spätzle und Würstchen sind ein echtes Wohlfühlessen, dem ich mit schwarzen Belugalinsen, Senfkaviar und Merguez einen neuen Anstrich verpasst habe. Die Spätzle bleiben klassisch und werden nur mit einem Hauch Kurkuma verfeinert.

ZUTATEN FÜR 4 PERSONEN

ZUTATEN

FÜR DIE BELUGALINSEN

400 g getrocknete Belugalinsen
1 große rote Zwiebel (etwa 100 g)
1–2 Knoblauchzehen
3 EL Olivenöl
1 EL frischer Ingwer, fein gerieben
1 EL Tomatenmark
400 ml Gemüsefond
1 TL Honig
2 EL dunkler Aceto balsamico
2 Lorbeerblätter (bevorzugt frisch)
10–12 Zweige frischer Thymian, gewaschen
Salz
frisch gemahlener schwarzer Pfeffer

FÜR DIE SPÄTZLE

5 Eier
400 g Weizenmehl (Type 405)
¼ TL gemahlener Kurkuma
1 Prise Muskatnuss, frisch gerieben
Salz
75 ml Mineralwasser mit Kohlensäure
1–2 EL Butter
frisch gemahlener schwarzer Pfeffer

ZUBEREITUNG

BELUGALINSEN

Die Linsen über Nacht in Wasser einweichen. Am nächsten Tag abgießen. Die Zwiebel abziehen und in feine Würfel schneiden. Den Knoblauch abziehen und in Scheiben schneiden. Das Olivenöl in einem Topf erhitzen und darin die Zwiebelwürfel 2 Minuten glasig anschwitzen. Den Knoblauch hinzugeben und 1 Minute weiter anschwitzen. Nun den Ingwer und das Tomatenmark dazugeben und 1 weitere Minute anschwitzen. Die Linsen, Gemüsefond, Honig, Aceto balsamico, Lorbeerblätter und Thymian in den Topf geben. Alles bei mittlerer Temperatur 20 Minuten leicht köcheln lassen, dabei ab und zu umrühren. Am Ende sollten die Linsen noch leichten Biss haben.

SPÄTZLE

Für die Spätzle die Eier in einer Schüssel mit einem Holzlöffel verrühren. Mehl mit Kurkuma, Muskatnuss und ¼ TL Salz vermengen und nach und nach unter die Eier rühren. Zum Schluss das Mineralwasser unter die Masse rühren. Den Teig so lange mit dem Löffel mit schlagenden und kräftigen Bewegungen durchrühren, bis er Blasen wirft. Dann 45 Minuten ruhen lassen.

Einen großen Topf mit reichlich Salzwasser aufsetzen und das Wasser zum Kochen bringen. Den Spätzleteig portionsweise mit einem flexiblen Messer vom Spätzlebrett in das Wasser schaben. Alternativ einen Spätzlehobel verwenden. Die Spätzle sind fertig, wenn sie an der Oberfläche schwimmen. Die fertigen Spätzle mit einer Schaumkelle aus dem Wasser nehmen und in eine Schüssel mit kaltem Wasser geben. Die Spätzle kurz vor dem Servieren aus dem Wasser nehmen und in einer großen Pfanne mit der Butter erwärmen oder auch leicht anbraten. Mit Salz und Pfeffer abschmecken.

FÜR DEN SENFKAVIAR

4 EL gelbe Senfkörner
100 ml Weißweinessig
2 EL Zucker
1 Prise Salz

FÜR DIE MERGUEZWÜRSTCHEN

4 mittelgroße rote Zwiebeln (etwa 300 g)
2 EL Rapsöl
12 Merguezwürstchen (à ca. 65 g)

AUSSERDEM

Spätzlebrett oder Spätzlehobel
Schaumkelle

SENFKAVIAR

Für den Senfkaviar die Senfkörner mit 150 ml Wasser, Weißweinessig, Zucker und Salz in einen kleinen Topf geben. Alles erhitzen und bei mittlerer Temperatur 15 Minuten köcheln lassen. Bis zum Servieren beiseitestellen.

MERGUEZWÜRSTCHEN

Die Zwiebeln abziehen und in 2 cm breite Spalten schneiden. Das Öl in einer Pfanne erhitzen und darin die Würstchen 12–15 Minuten rundherum braten. Nach 8–10 Minuten die Zwiebeln hinzugeben und mitbraten.

Die Linsen noch einmal erwärmen, mit Salz und Pfeffer abschmecken und zusammen mit den Würstchen und Zwiebeln anrichten. Jeweils 1–2 TL Senfkaviar darübergeben. Die Spätzle separat dazu reichen.

TIPP Der restliche Senfkaviar lässt sich mehrere Wochen in einem Schraubglas im Kühlschrank aufbewahren. Er schmeckt zu Käse, Fleisch oder Fisch und man kann ihn zum Verfeinern von Saucen oder Dressings verwenden.

DRALLE BABKA
MIT SPINAT, WALNÜSSEN & PECORINO

Die süße Babka hat schon eine große Fangemeinde – jetzt wird es herzhaft! Fluffiger Hefeteig und eine saftige, reichhaltige Füllung: Diese deftige Babka macht beim Brunch oder auf der Kaffeetafel eine gute Figur.

ZUTATEN FÜR EINE KASTENFORM (30 X 10 CM)
12 STÜCKE

ZUTATEN

FÜR DEN TEIG

100 g Butter
120 ml Milch
1 Päckchen Trockenhefe (7 g)
1 TL Zucker
½ TL Salz
2 Eier
500 g Weizenmehl (Type 405) + etwas zum Bestauben der Arbeitsfläche
2 EL Olivenöl zum Einfetten der Form

FÜR DIE FÜLLUNG

100 g Walnusskerne
1 mittelgroße Zwiebel (etwa 70 g)
2 Knoblauchzehen
2 EL Olivenöl
600 g Blattspinat (TK, aufgetaut)
150 g Doppelrahmfrischkäse
40 g Pecorino, fein gerieben
2 Msp. Muskatnuss, frisch gerieben
1 Ei
Salz
frisch gemahlener schwarzer Pfeffer

AUSSERDEM

Kastenform (ca. 30 x 10 cm)

ZUBEREITUNG

TEIG

Für den Teig die Butter zusammen mit der Milch in einem Topf schmelzen und lauwarm abkühlen lassen. In einer Rührschüssel zusammen mit Hefe, Zucker, Salz und den Eiern verrühren. Mit den Knethaken des Handrührgeräts oder der Küchenmaschine nach und nach das Mehl einarbeiten. Wenn alles gut vermengt ist, den Teig 6–7 Minuten weiterkneten, bis er schön glatt und geschmeidig ist. Den Teig in eine große Schüssel geben (der Teig geht etwas auf), abdecken und für 12 Stunden bzw. über Nacht kalt stellen.

FÜLLUNG

Am nächsten Tag die Füllung zubereiten. Dafür die Walnusskerne grob hacken und in einer Pfanne ohne Fett anrösten, bis sie leicht gebräunt sind. Die Zwiebel abziehen und fein würfeln. Den Knoblauch abziehen und grob reiben. Das Olivenöl in einer Pfanne erhitzen und darin die Zwiebel etwa 2 Minuten glasig anschwitzen. Den Knoblauch hinzufügen und 1 Minute mit anschwitzen. Alles lauwarm abkühlen lassen.

Die Flüssigkeit gut aus dem Spinat herausdrücken und diesen fein hacken. Den Spinat mit der Zwiebelmischung, den Walnüssen, Frischkäse, Pecorino und Muskatnuss vermengen. Das Ei mit einer Gabel verquirlen. Eine Hälfte des Eis unter die Spinatmischung rühren. Die andere Hälfte zur späteren Verwendung beiseitestellen. Mit Salz und Pfeffer abschmecken.

BABKA

Den Ofen auf 180 °C (Umluft) vorheizen. Die Kastenform mit Olivenöl einfetten.

Den Teig auf einer bemehlten Arbeitsfläche zu einem Rechteck von etwa 30 x 60 cm ausrollen. Der Teig sollte 2–3 mm dick sein. Die Füllung gleichmäßig auf dem Teig verteilen. Nun den Teig von einer der kurzen Seiten her aufrollen, sodass eine 30 cm breite Rolle entsteht. Die Rolle längs aufschneiden und die beiden Stränge miteinander verschlingen. Die doppelte Teigrolle längs in die Kastenform legen. Die Babka mit dem restlichen Ei einstreichen und im Ofen auf der mittleren Schiene etwa 50 Minuten backen, bis sie leicht gebräunt ist.

TIPP Mit etwas Frischkäse, ein paar Tomatenscheiben und einem Spiegelei belegt, mache ich aus dem herzhaften Kuchen schnell ein köstliches Hauptgericht.

FAT-TASTIC

ALLES IN BUTTER & BACON

Bei mir kommt Butter nicht nur bei die Fische, sondern auch sehr gerne und reichhaltig auf den Teller. Butter ist eben mehr als nur ein Brotaufstrich – sie macht alles ein bisschen besser. Das gilt natürlich auch für ihre fetten Freunde Bacon, Schmalz & Co. Ich folge daher mit Vergnügen der Aufforderung: »Der Speck muss weg!«, indem ich ihn großzügig auf Sandwiches, Tartes oder am Spieß verwerte.

AFTER CLUB SANDWICH

Nach der Party ist vor der Party. Deswegen braucht man auch ein ordentliches Katerfrühstück, mit allem drin, was das Herz begehrt. Am besten schmeckt das After Club Sandwich übrigens halb liegend und ganz entspannt auf dem Sofa vor dem Bildschirm oder mit einem spannenden Buch.

ZUTATEN FÜR 2 STÜCK

ZUTATEN

- 4 Scheiben Kastenweißbrot
- 8 Scheiben Frühstücks-Bacon
- 2 Hähnchenbrustfilets (à 150 g)
- Salz
- 2 EL Rapsöl
- 1–2 Prisen Chiliflocken
- frisch gemahlener schwarzer Pfeffer
- 2 TL grober Dijonsenf
- 1 TL Honig
- 4 EL Mayonnaise
- 1 große Tomate
- 4 große Essiggurken
- 1 reife Avocado
- 2 Eier
- 2 dicke Scheiben Bergkäse
- 1 Handvoll Blattsalat, gewaschen und trockengeschüttelt
- 6 Cornichons
- 2 Handvoll Kartoffelchips

AUSSERDEM

- Backblech, Backpapier
- 2 mittellange Holz- oder Bambusspieße

ZUBEREITUNG

Den Ofen auf 180 °C (Ober- und Unterhitze) vorheizen. Ein Backblech mit Backpapier auslegen. Die Brot- und Baconscheiben nebeneinander auf das Blech legen. Das Hähnchenbrustfilet rundherum mit Salz würzen. 1 EL Öl in einer Pfanne erhitzen und darin das Hähnchenbrustfilet bei mittlerer Temperatur 2 Minuten von beiden Seiten anbraten. Das Hähnchenbrustfilet mit Chiliflocken und Pfeffer würzen und mit auf das Backblech legen. Brot, Bacon und Hähnchenfleisch 15 Minuten auf der mittleren Schiene backen.

Währenddessen aus Senf, Honig und Mayonnaise eine Sauce anrühren. Mit Salz und Pfeffer abschmecken. Die Tomate und die Essiggurken in Scheiben schneiden. Die Avocado entkernen, die Schale entfernen und das Fruchtfleisch in Scheiben schneiden.

Das restliche Öl in einer Pfanne erhitzen. Die Eier in die Pfanne schlagen und 3–4 Minuten bei mittlerer Temperatur anbraten. Die Spiegeleier mit Salz und Pfeffer würzen und aus der Pfanne nehmen. Den Käse hineinlegen und den Herd ausstellen.

Das Backblech aus dem Ofen nehmen. Das Hähnchenbrustfilet quer zur Faser in Streifen schneiden. Zwei Brotscheiben mit Mayonnaise-Senf-Sauce bestreichen. Dann Hähnchenbrust, Käse, Bacon, Tomaten- und Gurkenscheiben, Salat und eine weitere Brotscheibe darauflegen. Jeweils drei Cornichons auf einen Holzspieß stecken und das Sandwich damit fixieren.

Die Sandwiches mit den Kartoffelchips auf Tellern anrichten und servieren.

SCHWEINKRAM AM SPIESS
MIT GUANCIALE & PFIRSICHEN

Yippie-ya-yeah, Schweinebacke! Diese würzigen Spieße aus Schweinerückensteak sind mit Guanciale gespickt, einem italienischen Speck aus Schweinebacke. Pfirsiche verleihen eine feine Süße und Ingwer steuert sanfte Schärfe bei.

ZUTATEN FÜR 4 PERSONEN
12 STÜCK

ZUTATEN

- 1 EL frischer Ingwer, gerieben
- 2 EL flüssiger Honig
- 4 EL Olivenöl
- ¼ TL Chiliflocken
- 2–3 Zweige frischer Rosmarin
- 700 g Schweinerückensteak am Stück
- 3 Pfirsiche
- 200 g Guanciale, in feine Scheiben geschnitten
- 250 ml trockener Weißwein
- 1 EL kalte Butter
- Salz
- frisch gemahlener schwarzer Pfeffer
- etwas hochwertiges Olivenöl zum Beträufeln

AUSSERDEM

12 Holzspieße, Backblech, Backpapier

ZUBEREITUNG

Für die Marinade den Ingwer, Honig, 2 EL Olivenöl und Chiliflocken vermengen. Die Rosmarinzweige waschen, grob zerteilen, etwas durchkneten, damit die ätherischen Öle austreten, und dann zur Marinade geben.

Das Schweinerückensteak in etwa 3 x 3 cm große Stücke schneiden und mit der Marinade vermengen. In ein Gefäß mit Deckel geben und für 30 Minuten im Kühlschrank marinieren. Währenddessen die Pfirsiche entsteinen und achteln.

Für die Spieße abwechselnd drei Schweinefleischstücke, zwei Pfirsichstücke und drei gefaltete Scheiben Guanciale auf je einen Holzspieß stecken. Die restliche Marinade aufbewahren.

Den Backofen auf 150 °C (Ober- und Unterhitze) vorheizen. Ein Backblech mit Backpapier belegen. 2 EL Olivenöl in einer Pfanne erhitzen und darin die Spieße portionsweise von jeder Seite bei mittlerer Temperatur 3 Minuten anbraten. Die Spieße auf das Backblech legen und im Backofen auf der mittleren Schiene 10–15 Minuten fertig garen. Nach 10 Minuten Garzeit ist das Fleisch noch leicht rosa, nach 15 Minuten ist es komplett durchgegart.

Für die Sauce das Bratfett in der Pfanne mit Weißwein ablöschen und die restliche Marinade hinzugeben. Alles bei niedriger Temperatur 10 Minuten einreduzieren lassen, dann die Butter unterrühren und mit Salz und Pfeffer abschmecken. Die Spieße mit der Sauce beträufeln und sofort servieren.

LIEBLINGSBLUMEN

ONION BLOOMS MIT ORANGEN-KORIANDER-HOLLANDAISE

Meine Lieblingsblumen kommen nicht in die Vase, sondern knusprig frittiert auf den Teller – so mag ich sie am liebsten. Wer braucht schon Rosenduft, wenn einem ein so leckerer Wohlgeruch aus der Küche in die Nase steigt!

ZUTATEN FÜR 4 PERSONEN
12 STÜCK

ZUTATEN

FÜR DIE ORANGEN-KORIANDER-HOLLANDAISE

125 g Butter
2 zimmerwarme Eigelb
1 EL Schmand
2 EL Koriandergrün, gewaschen, trockengeschüttelt und grob gehackt
1 unbehandelte Orange
Salz
frisch gemahlener schwarzer Pfeffer

FÜR DIE ZWIEBELN

12 mittelgroße Zwiebeln (à etwa 70 g)
2 Eier
250 ml Milch
500 g Weizenmehl (Type 405)
1 TL Salz
½ TL frisch gemahlener schwarzer Pfeffer
3 Prisen gemahlener Cayennepfeffer
1,5 l Pflanzenöl zum Frittieren

ZUBEREITUNG

ORANGEN-KORIANDER-HOLLANDAISE

Für die Hollandaise die Butter in einem Topf schmelzen und lauwarm abkühlen lassen. Das Eigelb und den Schmand in ein Gefäß geben und kurz mit einem Stabmixer aufmixen. Dann die Butter in einem feinen Strahl nach und nach zur Eigelb-Schmand-Mischung geben und untermixen, bis eine cremige Sauce entstanden ist. Den Koriander hinzufügen und untermixen. Zum Schluss die Schale von der Orange reiben und zusammen mit 1 EL Orangensaft unter die Hollandaise rühren. Mit Salz und schwarzem Pfeffer abschmecken.

ZWIEBELN

Für die Onion Blooms die Zwiebeln abziehen. Das obere Ende ein wenig abschneiden und die Wurzelstränge entfernen. Der Rest der Wurzel muss an der Zwiebel bleiben, damit die Onion Bloom zusammenhält. Die Zwiebel mit der Wurzelseite nach oben auf ein Brettchen legen und etwa 1 cm unter der Wurzel einschneiden, sodass vier gleich große Segmente entstehen. Diese vier Segmente jeweils noch zweimal einschneiden. Insgesamt sind nun zwölf gleich große Segmente entstanden. Mit den weiteren Zwiebeln ebenso verfahren.

Die Eier in einer Schüssel verquirlen und mit der Milch verrühren. In einer weiteren Schüssel das Mehl mit dem Salz, Pfeffer und Cayennepfeffer vermischen.

Die einzelnen Schichten der Zwiebeln vorsichtig auseinanderziehen – so entsteht die Blütenform. Zuerst alle Zwiebeln rundherum und in den Zwischenräumen mit Mehl bestauben. Dann gründlich mit der Eier-Milch-Mischung benetzen und wieder in dem Mehl wenden. Das Mehl muss gut zwischen den einzelnen Zwiebelschichten verteilt sein.

Das Öl in einen hohen Topf geben – er sollte maximal bis zu zwei Dritteln gefüllt sein – und erhitzen. Es ist heiß genug, wenn man ein Holzstäbchen hineinhält und sich kleine Bläschen daran bilden. Jeweils eine Zwiebel vorsichtig mit einer Schaumkelle in das Öl legen und insgesamt 2–3 Minuten frittieren. Dabei die Zwiebel einmal umdrehen. Die Zwiebeln nach dem Frittieren mit einer Schaumkelle aus dem Topf heben und auf Küchenpapier abtropfen lassen.

ANRICHTEN

Die Zwiebeln sofort zusammen mit der Hollandaise servieren.

TIPP Zu den Zwiebeln passt auch Barbecue-Sauce, Sriracha-Sauce oder saure Sahne mit frischen Kräutern.

LANGOS
MIT KNOBLAUCH-SCHMAND & SALAMI-CRUNCH

In Budapest habe ich meine ersten Langos an einem kleinen Imbiss gegessen. Die in Schmalz ausgebackenen Hefefladen gibt es dort in vielen Varianten, wobei ich sie ganz klassisch mit Schmand und Knoblauch am leckersten finde. Ich habe meine Langos noch mit knusprigem Salami-Crunch verfeinert.

ZUTATEN FÜR 6 STÜCK

ZUTATEN

FÜR DIE LANGOS

200 g mehligkochende Kartoffeln

520 g Butterschmalz

1 Päckchen Trockenhefe (7 g)

220 ml lauwarme Milch

1 TL Zucker

½ TL Salz

500 g Weizenmehl (Type 405)

FÜR DAS TOPPING

70 g Paprika-Salami in Scheiben

1–2 Knoblauchzehen

400 g Schmand

Salz

frisch gemahlener schwarzer Pfeffer

3 EL frischer Schnittknoblauch, gewaschen und in Röllchen geschnitten

AUSSERDEM

Backblech, Backpapier

ZUBEREITUNG

LANGOS

Die Kartoffeln schälen, in 2–3 cm große Würfel schneiden und in Salzwasser weich garen. Das Wasser abgießen, die Kartoffeln gut ausdampfen lassen und dann mit einem Kartoffelstampfer fein zerdrücken.

1 EL von dem Butterschmalz in einem kleinen Topf zerlassen. Die Hefe mit der Milch, geschmolzenem Butterschmalz, Zucker und Salz vermengen. Nach und nach zuerst das Mehl und dann die Kartoffeln mit den Händen einarbeiten und kneten, bis ein glatter und elastischer Teig entstanden ist. Den Teig etwa 1 Stunde an einem warmen Ort gehen lassen, danach in sechs gleich große Portionen teilen.

Das übrige Butterschmalz in einer Pfanne erhitzen und schmelzen. Sie sollte maximal zu ⅔ mit flüssigem Butterschmalz gefüllt sein. Einen Holzstab in das Butterschmalz halten – wenn sich daran kleine Bläschen bilden, ist es heiß genug zum Ausbacken. Aus einer Teigportion einen Fladen mit einem Durchmesser von etwa 20 cm formen und diesen vorsichtig in das Butterschmalz gleiten lassen. Den Fladen 1 Minute ausbacken, wenden und dann 1 weitere Minute ausbacken. Die Langos sollten leicht gebräunt sein. Mit den restlichen Teigportionen ebenso verfahren. Die Langos auf Küchenpapier abtropfen lassen.

TOPPING

Während der Teig geht, das Topping zubereiten. Den Backofen auf 200 °C (Umluft) vorheizen. Ein Backblech mit Backpapier auslegen und die Salamischeiben darauf verteilen. 10–12 Minuten auf der mittleren Schiene im Ofen backen, bis sie knusprig sind. Die Salamischeiben nach dem Backen grob zerkleinern.

Den Knoblauch fein reiben und mit dem Schmand vermischen. Mit Salz und Pfeffer abschmecken.

ANRICHTEN

Die Langos vor dem Servieren mit dem Knoblauch-Schmand bestreichen und mit Salami-Crunch und Schnittknoblauch bestreuen.

LACHS-RILLETTE
MIT WASABI & SAKE

Sosehr ich auch eine einfache Butterstulle schätze, manchmal muss es eben etwas Besonderes sein. Zum Sonntagsfrühstück, Brunch oder zum Brotkorb beim Dinner gibt es dann gerne mal diese japanisch inspirierte Rillette, die nicht nur wunderbar schmeckt, sondern auch einfach zu machen ist.

ZUTATEN FÜR 2 PERSONEN
2 KLEINE GLÄSER

ZUTATEN

- 150 g Lachsfilet ohne Haut
- 50 ml Rapsöl
- 50 ml Sake
- 2 TL Wasabipaste
- Schalenabrieb von 1 unbehandelten Limette
- 1 Prise Salz
- 100 g Butter

ZUBEREITUNG

Den Lachs in etwa 2 x 2 cm große Würfel schneiden und in 1 EL Öl 3–4 Minuten bei mittlerer Temperatur rundherum anbraten. Dabei den Lachs mit dem Pfannenwender so fein wie möglich zerkleinern und umrühren. Der Lachs sollte nicht zu stark Farbe bekommen. Mit Sake ablöschen. Wenn der Sake verdunstet ist, Wasabipaste, Limettenschalenabrieb und Salz hinzugeben. Die Butter mit dem restlichen Öl zum Lachs geben und schmelzen.

Die Lachs-Rillette in zwei Gläser füllen und bis zum Servieren mindestens 3 Stunden kalt stellen, bis das Fett fest geworden ist. Dies erkennt man daran, dass es nicht mehr durchsichtig ist.

FETTE GALETTE
MIT ZIEGENKÄSE, APRIKOSEN & SCHINKENSPECK

Auf dieser Tarte kommt es richtig dick, denn sie ist mit viel cremigem Ziegenkäse und Crème fraîche belegt. Darauf kommen als Alibi-Vitamine ein paar süße Aprikosen und zur Krönung dünn geschnittener Schinkenspeck.

ZUTATEN FÜR EINE GALETTE (26 CM DURCHMESSER) | 12 STÜCKE

ZUTATEN

FÜR DEN BELAG

200 g Aprikosen
200 g Zuckeraprikosen
1 kleine rote Zwiebel (etwa 50 g)
200 g Ziegenweichkäse-Rolle
100 g Ziegenfrischkäse-Rolle
200 g Crème fraîche
1 TL frische Thymianblättchen, gewaschen und fein gehackt
1 TL frische Rosmarinnadeln, gewaschen und fein gehackt
Salz
frisch gemahlener schwarzer Pfeffer
80 g dünn geschnittener Schinkenspeck
etwas frischer Thymian und Rosmarin zum Garnieren

FÜR DEN TEIG

150 g weiche Butter
300 g Weizenmehl (Type 405)
1 Ei
3 Prisen Salz

AUSSERDEM

Springform (26 cm Durchmesser), Backpapier

ZUBEREITUNG

BELAG

Für den Belag die Aprikosen halbieren und entsteinen. Die Zwiebel abziehen und in dünne Ringe schneiden. Die Ziegenweichkäse-Rolle in Scheiben schneiden. Den Ziegenfrischkäse mit Crème fraîche, Thymianblättchen und Rosmarin vermengen und mit Salz und Pfeffer abschmecken. Alles zur späteren Verwendung beiseitestellen.

TEIG

Für den Teig die Butter in Stücke schneiden und zusammen mit dem Mehl, Ei und Salz in eine Schüssel geben. Mit den Händen zu einem glatten Teig verkneten. Den Teig auf einem Stück Backpapier zu einem Kreis von 33–35 cm Durchmesser ausrollen.

WEITERE ZUBEREITUNG

Den Backofen auf 180 °C (Umluft) vorheizen. Den Boden der Springform in die Mitte des Teiges platzieren und leicht eindrücken, sodass ein kreisförmiger Umriss im Teig entsteht. Den Springformboden mit Backpapier auslegen und unter den Teig schieben. Innerhalb des Kreises die Frischkäsecreme verteilen. Alles mit Aprikosen, Ziegenweichkäse-Rolle und Zwiebelringen belegen. Die Teigränder nach innen einklappen. Den Springformrand befestigen. Die Galette 1 Stunde auf der mittleren Schiene im Ofen backen.

Den Schinkenspeck zu Röschen drehen und vor dem Servieren auf die Galette legen. Mit frischem Rosmarin und Thymian garnieren.

KING CANNOLI
MIT ERDNUSSBUTTERCREME, BANANE & BACON

Ein Sandwich mit Erdnussbutter, Banane und Bacon soll zu den Leibspeisen des »King of Rock'n'Roll« gehört haben. Mittlerweile ist die Sandwich-Kreation eine kulinarische Legende, der ich mit diesen neu interpretierten Cannoli – eine sizilianische Gebäckspezialität – meinen Tribut zollen möchte.

ZUTATEN FÜR 18–20 STÜCK

ZUTATEN

FÜR DIE GEBÄCKRÖLLCHEN

50 g Butterschmalz
1 Ei
250 g Weizenmehl (Type 405)
1 TL Backkakaopulver
½ TL gemahlener Zimt
30 g Zucker
60 ml Marsala
1 EL Weißweinessig
1 Prise Salz
1,5 l Pflanzenöl zum Frittieren

FÜR DIE FÜLLUNG

75 g Frühstücks-Bacon
50 g geröstete und gesalzene Erdnüsse
75 g Puderzucker
2 große Bananen (etwa 350 g)
400 g Ricotta
100 g Erdnussbutter
10 Belegkirschen

AUSSERDEM

mehrere Cannoli-Formen aus Metall

ZUBEREITUNG

GEBÄCKRÖLLCHEN

Für die Gebäckröllchen das Butterschmalz in einem kleinen Topf (oder in der Mikrowelle) schmelzen und lauwarm abkühlen lassen. Das Ei trennen und das Eiweiß zur späteren Verwendung beiseitestellen. Butterschmalz, Eigelb, Mehl, Kakao, Zimt, Zucker, Marsala, Weißweinessig und Salz in eine Schüssel geben. Alles mit der Hand zu einem geschmeidigen Teig verkneten. Der Teig sollte glatt sein und nicht an der Hand kleben. Sollte er zu feucht sein, etwas mehr Mehl dazugeben. Den Teig 1 Stunde kühl stellen.

Dann den Teig 1 mm dünn ausrollen. Dazu eine Pastamaschine oder ein Nudelholz verwenden. Aus dem Teig Kreise von 10 cm Durchmesser ausstechen.

Das Öl in einem mittelgroßen Topf erhitzen. Es ist heiß genug, wenn sich an einem hineingehaltenen Holzstäbchen kleine Bläschen bilden.

Je einen Teigkreis um eine Cannoli-Form wickeln. Die untere Teigkante mit etwas Eiweiß einstreichen und die obere Teigkante leicht daran festdrücken, sodass das Teigröllchen geschlossen ist. Die Cannoli portionsweise für je etwa 1 Minute knusprig braun frittieren. Dabei aufpassen, dass die Cannoli nicht am Topfboden liegen bleiben.

Die Form aus dem Gebäckröllchen ziehen und weitere Teigröllchen formen. Die Cannoli vor dem Befüllen auskühlen lassen.

FÜLLUNG

Für die Füllung den Backofen auf 200 °C (Ober- und Unterhitze) vorheizen und den Frühstücks-Bacon darin 12–15 Minuten backen, bis er schön braun und knusprig ist. Den Bacon auf Küchenpapier abtropfen lassen, dann fein hacken. Die Erdnüsse grob hacken. 25 g Puderzucker sieben. Die Bananen schälen und mit einer Gabel zerdrücken. Den Ricotta mit dem gesiebten Puderzucker, Erdnussbutter und Bananen vermengen. Dann den Bacon und die gehackten Erdnüsse unterrühren.

ANRICHTEN

Kurz vor dem Servieren die Füllung mit einem Spritzbeutel in die Gebäckröllchen spritzen. Die Cannoli mit dem restlichen Puderzucker bestauben. Die Enden mit halbierten Belegkirschen garnieren.

BRATAPFEL-BUTTER

Mit den typischen Gewürzen und kleinen Apfelstückchen ist meine Bratapfel-Butter genau das Richtige für gemütliche Herbst- und Winterabende. Sie ist ein köstlicher Brotaufstrich, passt zu gebratenem Fleisch oder Käse und lässt sich süß und herzhaft kombinieren.

ZUTATEN FÜR 1 MITTELGROSSES GLAS

ZUTATEN

200 g weiche Butter
50 g getrocknete Apfelchips, grob gehackt
½ TL gemahlener Zimt
¼ TL gemahlener Kardamom
2 Msp. gemahlener Piment
Schalenabrieb von ½ unbehandelten Orange
Mark von ½ Vanilleschote
1 Prise Salz

AUSSERDEM

Stabmixer

ZUBEREITUNG

Alle Zutaten in ein hohes Gefäß geben und mit dem Stabmixer zu einer cremigen, gleichmäßigen Masse verarbeiten.

Die Bratapfel-Butter in ein Glas füllen und im Kühlschrank aufbewahren.

ROTE-BETE-ROSEN-BUTTER

Für mich soll's Rote-Bete-Rosen-Butter regnen …

ZUTATEN FÜR 1 MITTEL-GROSSES GLAS

ZUTATEN

150 g Rote Bete, vorgegart
200 g weiche Butter
4 TL Rosenwasser
2 EL getrocknete Rosenblätter
2 Prisen Salz
1 Prise frisch gemahlener schwarzer Pfeffer
wahlweise einige getrocknete Rosenblätter zum Garnieren

AUSSERDEM

Stabmixer

ZUBEREITUNG

Die Rote Bete in kleine Stückchen schneiden. Zusammen mit den restlichen Zutaten in ein hohes Gefäß geben und mit dem Stabmixer zu einer cremigen, gleichmäßigen Masse verarbeiten.

Die Rote-Bete-Rosen-Butter in ein Glas füllen und im Kühlschrank aufbewahren. Vor dem Servieren nach Wunsch mit getrockneten Rosenblättern bestreuen.

TIPP

Rosenwasser und getrocknete Rosenblätter gibt es in türkischen und asiatischen Supermärkten, in Apotheken oder Gewürzgeschäften. Selbst getrocknete Rosenblätter nur verwenden, wenn die Rosen unbehandelt und ungespritzt sind.

UMAMI-BUTTER

Meine Umami-Butter ist ein echter Geschmacksbooster für alle Gelegenheiten. Ob als Brotaufstrich, Topping für Fleisch, Fisch oder Gemüse oder als Würzmittel für Saucen, Pasta, Suppen und vieles mehr. Es lohnt sich immer, einen kleinen Vorrat davon im Kühlschrank zu haben.

ZUTATEN FÜR 1 MITTELGROSSES GLAS

ZUTATEN

- 40 g getrocknete, in Öl eingelegte Tomaten
- 20 g in Öl eingelegte Sardellen
- 10 g getrocknete Steinpilze
- 250 g weiche Butter
- 40 g Parmesan, frisch gerieben
- 20 g Tomatenmark
- 1 TL Fischsauce (aus dem asiatischen Supermarkt)
- 2 Prisen Zucker

AUSSERDEM

Stabmixer

ZUBEREITUNG

Die Tomaten und die Sardellen abtropfen lassen und in kleine Stücke schneiden. Die Pilze sehr fein hacken. Alles mit den restlichen Zutaten in ein hohes Gefäß geben und mit dem Stabmixer zu einer cremigen, gleichmäßigen Masse verarbeiten.

Die Umami-Butter in ein Glas füllen und im Kühlschrank aufbewahren.

WURST, HACK & CO.

FLEISCHGEWORDENE TRÄUME

Als bekennende Carnivorin liebe ich große Steaks, saftige Burger, knackige Würstchen, knusprige Schnitzel und Hackfleisch in allen Varianten und Formen. Das muss natürlich nicht jeden Tag sein, aber wenn, dann am liebsten aus einer hervorragenden Metzgerei, artgerechter Haltung oder in Bioqualität. So kann man sich der Fleischeslust ohne schlechtes Gewissen hingeben.

SCHWEINE-KOTELETTS

MIT MACADAMIAKRUSTE & APFEL-CHUTNEY

Unter der knusprigen Macadamiakruste versteckt sich ein extrasaftiges Schweinekotelett, das von einem süß-säuerlichen Apfel-Chutney begleitet wird. Ich verwende für dieses Gericht Koteletts vom Apfelschwein, da das Fleisch wunderbar marmoriert ist und daher besonders gut schmeckt.

ZUTATEN FÜR 4 PERSONEN

ZUTATEN

FÜR DAS APFEL-CHUTNEY

- 3 mittelgroße säuerliche Äpfel (etwa 500 g)
- 1 mittelgroße Zwiebel (etwa 70 g)
- 1 EL Rapsöl
- 1 EL frischer Ingwer, fein gerieben
- 50 g brauner Zucker
- 100 ml trockener Weißwein
- 30 ml Weißweinessig
- 1 Lorbeerblatt (bevorzugt frisch)
- Salz
- frisch gemahlener schwarzer Pfeffer

FÜR DIE SCHWEINE-KOTELETTS

- 150 g geröstete und gesalzene Macadamiakerne
- 1 EL frische Thymianblättchen, gewaschen und gehackt
- 4 EL Olivenöl
- 1 TL flüssiger Honig
- 2 Prisen Chiliflocken
- frisch gemahlener schwarzer Pfeffer

ZUBEREITUNG

APFEL-CHUTNEY

Für das Apfel-Chutney die Äpfel schälen, entkernen und in 1 cm kleine Würfel schneiden. Die Zwiebeln abziehen und fein würfeln. Das Rapsöl in einer Pfanne erhitzen und darin die Zwiebelwürfel 1 Minute bei mittlerer Temperatur glasig anschwitzen. Den Ingwer dazugeben und 1 Minute weitergaren. Dann den Apfel hinzufügen und alles weitere 2 Minuten garen. Den Zucker darüberstreuen und 2 Minuten leicht karamellisieren. Alles mit Weißwein und Weißweinessig ablöschen. Das Lorbeerblatt dazugeben und 5 Minuten bei mittlerer Temperatur leicht köcheln lassen. Mit Salz und Pfeffer abschmecken und bis zum Servieren warm halten. Es schmeckt aber auch kalt.

SCHWEINEKOTELETTS

Für die Schweinekoteletts zuerst die Macadamiakruste zubereiten. Dafür die Macadamiakerne fein hacken und mit den gehackten Thymianblättchen, Olivenöl, Honig und Chiliflocken vermengen. Mit Pfeffer abschmecken.

Den Backofengrill auf mittlerer Stufe vorheizen. Ein Backblech mit Backpapier belegen. Die Schweinekoteletts von beiden Seiten leicht salzen. Das Rapsöl in einer Pfanne erhitzen und darin die Schweinekoteletts bei hoher Temperatur 2–3 Minuten auf beiden Seiten scharf anbraten, bis das Fleisch leicht gebräunt ist. Die Knoblauchzehen mit dem Handballen andrücken und mit 3–4 Thymianzweigen zum Fleisch geben. Auf mittlere Temperatur reduzieren und die Koteletts 2 Minuten von jeder Seite weitergaren. Die Koteletts auf das Backblech legen, von beiden Seiten pfeffern und die Macadamiakruste darauf verteilen. Dabei die Kruste gut andrücken. Die Koteletts unter dem Backofengrill 7 Minuten überbacken. Die Kruste sollte leicht gebräunt sein.

4 Schweinekoteletts mit Knochen (à 250 g)
Salz
2 EL Rapsöl
2 Knoblauchzehen
6–7 Zweige frischer Thymian, gewaschen
250 ml trockener Weißwein
1 Lorbeerblatt (bevorzugt frisch)
1 TL brauner Zucker
2 EL kalte Butter

AUSSERDEM

Backblech mit Backpapier

Währenddessen die Sauce zubereiten. Dafür den Bratensatz in der Pfanne mit Weißwein ablöschen. Lorbeerblatt und Zucker hinzugeben und bei mittlerer Temperatur köcheln lassen, bis die Koteletts fertig sind. Die Sauce mit Salz und Pfeffer abschmecken. Kurz vor dem Servieren die kalte Butter unter die Sauce rühren.

ANRICHTEN

Die Sauce auf die Teller geben, die Koteletts darauf anrichten und mit dem restlichen Thymian garnieren. Das Chutney separat dazu reichen.

TIPP

Zu den Koteletts passen Kartoffelpüree, Röstkartoffeln oder Baguette. Als Gemüsebeilage empfehle ich grüne Bohnen, Pastinaken oder Kürbis.

HACKBRATEN »JERK STYLE« MIT FRUCHTIGEM ANANAS-GURKEN-SALAT

Die jamaikanische Jerk-Gewürzmischung macht aus einem einfachen Hackbraten eine echte Geschmacksbombe. Dazu gibt es einen fruchtigen Ananas-Gurken-Salat mit schwarzen Bohnen, viel frischer Minze und Koriander.

ZUTATEN FÜR 6–8 PERSONEN

ZUTATEN

FÜR DEN ANANAS-GURKEN-SALAT

- 200 g getrocknete schwarze Bohnen oder 400 g schwarze Bohnen aus der Dose
- 1 kleine Ananas (etwa 1,2 kg)
- 1 große Salatgurke (etwa 350 g)
- 1 große rote Zwiebel, etwa 100 g
- 2 unbehandelte Limetten
- 1 TL frischer Ingwer, fein gerieben
- 1 kleine Knoblauchzehe, fein gerieben
- 3 EL Kokosnussessig, ersatzweise Reisessig
- 5 EL Rapsöl
- 2 TL Rohrzucker
- je 1 Handvoll Koriandergrün und Minzblätter

FÜR DEN HACKBRATEN

- 2 Frühlingszwiebeln
- 2 Wacholderbeeren
- 1 TL Pimentkörner
- ½ TL Gewürznelken
- 1 TL schwarze Pfefferkörner
- 2 TL Koriandersamen
- ½ TL Chiliflocken
- ½ TL gemahlener Zimt
- ¼ TL Muskatnuss, frisch gerieben

ZUBEREITUNG

ANANAS-GURKEN-SALAT

Die Bohnen über Nacht einweichen. Am nächsten Tag die Bohnen abgießen, gründlich abspülen und in reichlich frischem Wasser in etwa 20 Minuten bissfest garen. Abgießen und abkühlen lassen. Bohnen aus der Dose nur in ein Sieb abgießen.

Die Ananas schälen und den Strunk herausschneiden. Das Fruchtfleisch in 1 cm große Würfel schneiden. Die Gurke entkernen und ebenfalls in 1 cm große Würfel schneiden. Die Zwiebel abziehen und fein würfeln. Die Schale von den Limetten abreiben und den Saft auspressen. Den Limettensaft und -abrieb mit dem Ingwer, Knoblauch, Essig, Rapsöl und Zucker zu einem Dressing verrühren. Bohnen, Ananas, Gurke und Dressing in eine Schüssel geben und alles miteinander vermengen. Das Koriandergrün und die Minzeblätter waschen, trockenschütteln, grob hacken und kurz vor dem Servieren unter den Salat mischen.

HACKBRATEN

Für den Hackbraten die Frühlingszwiebeln waschen, putzen und sehr fein hacken. Dann die Jerk-Würzpaste zubereiten. Dafür die Wacholderbeeren, Pimentkörner, Gewürznelken, Pfefferkörner und Koriandersamen in einer Pfanne bei mittlerer Temperatur anrösten, bis die Gewürze anfangen zu duften. Das dauert etwa 2 Minuten. Die Gewürze in eine elektrische Kaffeemühle geben und fein zerkleinern. Alternativ mit dem Mörser fein zermahlen. Die Gewürze mit Zimt, Muskatnuss, Paprikapulver, Salz, Rohrzucker, Ingwer, Knoblauch, Thymian und Rum vermengen.

Den Backofen auf 180 °C (Umluft) vorheizen. Die Würzpaste, Hackfleisch, Semmelbrösel und Eier in eine Schüssel geben und alles gut verkneten. Die Hackmasse zu einem Laib formen und diesen in eine Auflaufform legen. Rund um den Hackbraten die längs halbierten Peperoni und die quer halbierten Limetten legen. Peperoni und Limetten mit Rohrzucker bestreuen und mit Öl beträufeln. Den Hackbraten 1 Stunde 10 Minuten auf der mittleren Schiene im Backofen backen.

1 TL edelsüßes Paprikapulver
1 gestrichener TL Salz
2 TL Rohrzucker
1 EL frischer Ingwer, gerieben
2–3 Knoblauchzehen, gerieben
1 EL frische Thymianblättchen, gewaschen und fein gehackt
50 ml brauner Rum
1,2 kg gemischtes Hackfleisch (Rind und Schwein)
50 g Semmelbrösel
3 Eier
6–7 milde Peperoni
2–3 unbehandelte Limetten
2 EL Rohrzucker
2 EL Rapsöl
etwas Koriandergrün und Minzblätter für die Garnitur

AUSSERDEM

elektrische Kaffeemühle oder Mörser

ANRICHTEN

Den Hackbraten mit Koriandergrün und Minzblättern garnieren und mit dem Ananas-Gurken-Salat servieren.

TIPP

Die Jerk-Würzpaste eignet sich auch als Marinade für Hähnchen- und Schweinefleisch oder für Fisch und Meeresfrüchte.

SLOPPY JOES
MIT LAMM & ROTEN ZIMT-ZWIEBELN

Durch süße Datteln und scharfes Harissa-Gewürz in der Hackfleischsauce kommen meine Sloppy Joes alles andere als lammfromm daher. Für den Extrageschmackskick verfeinere ich meine »schludrigen« Burger mit roten Zwiebelringen, die ich mit einem Hauch Zimtpulver bestaube.

ZUTATEN FÜR 4 PERSONEN

ZUTATEN

FÜR DIE HACKFLEISCHSAUCE

1 mittelgroße rote Zwiebel (etwa 70 g)
2 Knoblauchzehen
10 getrocknete Datteln ohne Stein (etwa 70 g)
2 EL Olivenöl
800 g gemischtes Hackfleisch (Lamm und Rind)
1 EL Tomatenmark
300 ml Rinderfond
2 TL Harissa-Gewürzmischung
Salz
frisch gemahlener schwarzer Pfeffer

WEITERE ZUTATEN

2 kleine rote Zwiebeln (etwa 100 g)
4 Prisen gemahlener Zimt
4 Burgerbrötchen mit Sesam
2 Handvoll Koriandergrün, gewaschen

ZUBEREITUNG

HACKFLEISCHSAUCE

Für die Hackfleischsauce die Zwiebel abziehen und fein würfeln. Den Knoblauch abziehen und in feine Scheiben schneiden. Die Datteln in feine Würfel schneiden.

Das Olivenöl in einer Pfanne erhitzen und darin das Hackfleisch bei hoher Temperatur 8–10 Minuten rundherum anbraten. Dann die Zwiebeln und den Knoblauch dazugeben und alles 2–3 Minuten weiterbraten. Die Datteln und das Tomatenmark hinzufügen und alles für 2 Minuten karamellisieren. Mit Rinderfond ablöschen, Harissa-Gewürz einrühren und die Temperatur reduzieren. Die Hackfleischsauce bei mittlerer Temperatur 10 Minuten einkochen lassen. Mit Salz und schwarzem Pfeffer abschmecken.

WEITERE ZUBEREITUNG

Währenddessen die Zimt-Zwiebeln zubereiten. Dafür die Zwiebeln abziehen und in möglichst feine Scheiben schneiden. Die Zwiebelscheiben rundherum mit Zimt bestauben.

Die Burgerbrötchen aufschneiden. Jeweils etwas Hackfleischsauce auf die unteren Hälften geben. Dann Zimt-Zwiebeln und Koriandergrün darauflegen und zum Schluss die oberen Burgerbrötchenhälften aufsetzen.

TIPP

Wer kein Lamm mag, nimmt einfach nur Rinderhackfleisch. Anstatt Datteln schmecken auch getrocknete Aprikosen oder Feigen in der Sauce. Ich esse die Hackfleischsauce auch gerne in Wraps, die ich zusätzlich mit Schmand oder Hummus, Salat, Tomaten, Avocado und Gurken fülle.

DOLCE VITA DOG

Saftige Salsiccia-Bratwürste, gebratene Kräuterseitlinge, süß-säuerliche Birnen-Pickles, Radicchio und eine Senf-Mascarpone-Creme – dieser Hot Dog bringt das süße Leben auf den Teller!

ZUTATEN FÜR 4 PERSONEN

ZUTATEN

FÜR DIE BIRNEN-PICKLES

2 kleine Birnen (etwa 300 g)
50 ml Weißweinessig
1 EL Zucker
¼ TL Salz
1 Lorbeerblatt (bevorzugt frisch)

FÜR DIE SENF-MASCARPONE-CREME

200 g Mascarpone
2 TL grober Dijonsenf
1 TL Honig
1 Prise Salz
1 Prise frisch gemahlener schwarzer Pfeffer

FÜR DIE KRÄUTER-SEITLINGE

200 g Kräuterseitlinge
2 Knoblauchzehen
1 Zweig frischer Rosmarin
2 EL Olivenöl
Salz
frisch gemahlener schwarzer Pfeffer

WEITERE ZUTATEN

2 EL Olivenöl
8 Salsiccias (à ca. 85 g)
4 große, weiche Sandwich-, Baguette- oder Hot-Dog-Brötchen
1 kleiner Radicchio (200 g)
1 Handvoll Rucola

ZUBEREITUNG

BIRNEN-PICKLES

Für die Birnen-Pickles die Birnen waschen, entkernen und in 1 cm breite Spalten schneiden. 100 ml Wasser zusammen mit dem Weißweinessig, Zucker, Salz und Lorbeerblatt in einen kleinen Topf geben und gut umrühren. Die Birnenspalten hinzugeben und alles erhitzen. Die Birnen bei mittlerer Temperatur 3 Minuten köcheln und dann im Sud abkühlen lassen. Bis zum Servieren beiseitestellen.

SENF-MASCARPONE-CREME

Für die Senf-Mascarpone-Creme alle Zutaten miteinander verrühren und die Creme mit Salz und Pfeffer abschmecken.

KRÄUTERSEITLINGE

Für die Kräuterseitlinge die Pilze putzen und längs in 1 cm breite Scheiben schneiden. Den Knoblauch mit den Handballen andrücken, den Rosmarin waschen und trockenschütteln. Das Olivenöl in einer Pfanne erhitzen und darin die Kräuterseitlinge zusammen mit dem Knoblauch und Rosmarin von beiden Seiten insgesamt 5 Minuten bei mittlerer Temperatur anbraten. Mit Salz und Pfeffer abschmecken und bis zum Servieren warm halten.

WEITERE ZUBEREITUNG

Für die Salsiccias das Olivenöl in einer Pfanne erhitzen und darin die Würstchen bei mittlerer Temperatur 12–15 Minuten rundherum anbraten, bis sie gut gebräunt sind. Währenddessen die Brötchen aufschneiden, dabei nicht ganz durchschneiden. Radicchio und Rucola waschen und trockenschütteln. Die Brötchenunterhälften mit der Senf-Mascarpone-Creme bestreichen, mit Radicchio-Blättern, Rucola, Birnen-Pickles, Kräuterseitlingen und Würstchen belegen und sofort servieren.

BULETTE UNTER PALMEN

HAWAIIANISCHES LOCO MOCO

Loco Moco ist ein echtes Feel-Good-Gericht aus Hawaii. Es besteht aus einem Burgerpatty, Reis, einem Spiegelei und viel kräftiger Bratensauce. Dazu empfehle ich ein eiskaltes Bier, das es entgegen der Behauptung in einem bekannten Lied natürlich auch auf Hawaii gibt.

ZUTATEN FÜR 4 PERSONEN

ZUTATEN FÜR BEILAGEN UND TOPPINGS

500 g Sushireis
2 EL Rapsöl
4 Eier
2 Frühlingszwiebeln, gewaschen, geputzt und in Röllchen geschnitten
Chiliflocken
frisch gemahlener schwarzer Pfeffer

FÜR DIE BURGERPATTIES

800 g Rinderhackfleisch
1 TL frischer Ingwer, fein gerieben
2 Knoblauchzehen, fein gerieben
2 TL Sojasauce
Salz
frisch gemahlener schwarzer Pfeffer
2 EL Rapsöl

ZUBEREITUNG

PATTIES

Für die Patties das Rindfleisch mit dem Ingwer, Knoblauch und Sojasauce in eine Schüssel geben. Mit Salz und Pfeffer abschmecken. Alles gut mit den Händen verkneten. Aus der Masse vier Patties von etwa 12 cm Durchmesser formen. Das geht am besten mit einem Burgerpatty-Former. Den Backofen auf 80 °C (Ober- und Unterhitze) vorheizen.

Das Öl in einer Pfanne erhitzen und darin die Patties von jeder Seite bei hoher Temperatur 3–4 Minuten von jeder Seite scharf anbraten. Dann die Patties bei mittlerer Temperatur von jeder Seite nochmals 2–3 Minuten fertig garen. Im Ofen bis zum Servieren warm halten. Die Pfanne für die Zubereitung der Sauce weiterverwenden.

SAUCE

Für die Sauce die Zwiebel abziehen und fein würfeln. Den Knoblauch abziehen und in Scheiben schneiden. In der Pfanne das Rapsöl erhitzen und darin die Zwiebel sowie den Knoblauch 2 Minuten bei mittlerer Temperatur anschwitzen. Den braunen Zucker darüberstreuen und 1 Minute karamellisieren. Alles mit Rinderfond ablöschen und mit Worcestersauce, Sojasauce und Tabasco würzen. Die Sauce 10 Minuten bei mittlerer Temperatur einköcheln. Danach durch ein feines Sieb in einen kleinen Topf abgießen. Die Speisestärke mit 2 EL Wasser verrühren und mit einem Schneebesen in die Sauce rühren. Die Sauce noch einmal aufkochen, mit Salz und Pfeffer abschmecken und bis zum Servieren warm halten.

FÜR DIE SAUCE

1 kleine Zwiebel (etwa 50 g)
1 Knoblauchzehe
1 EL Rapsöl
2 TL brauner Zucker
500 ml Rinderfond
1 EL Worcestersauce
2 TL Sojasauce
1–2 Spritzer Tabasco
1 TL Speisestärke

AUSSERDEM

Burgerpatty-Former

BEILAGEN

Den Sushireis nach Packungsanleitung in Salzwasser garen.

WEITERE ZUBEREITUNG

Für die Spiegeleier das Öl in einer Pfanne erhitzen, die Eier aufschlagen und in die Pfanne geben. Die Eier 3–4 Minuten bei mittlerer Temperatur braten.

Zum Servieren jeweils etwas Reis auf einem Teller anrichten, die Sauce darübergeben, je ein Patty und ein Spiegelei daraufsetzen und alles mit Frühlingszwiebeln garnieren. Nach Wunsch mit Chiliflocken und Pfeffer nachwürzen.

TIPP Als knackig-frische Beilage passt zum Loco Moco sehr gut der Ananas-Gurken-Salat von Seite 60.

BLACK & STICKY SHORT RIBS

Meine Short Ribs lassen es ruhig angehen. Zunächst übernachten sie in einer Marinade aus Stout, dunklem Kakao und Gewürzen und dann entspannen sie bei gemütlichen 100 °C im Ofen genüsslich weiter, wobei sie regelmäßig mit der köstlich-klebrigen und intensiven Glasur verwöhnt werden.

ZUTATEN FÜR 4 PERSONEN

ZUTATEN

- 3 Knoblauchzehen
- 1 mittelgroße rote Zwiebel (etwa 70 g)
- 330 ml Stout (Schwarzbier)
- 2 Lorbeerblätter (bevorzugt frisch)
- 2 Zweige frischer Rosmarin, gewaschen
- 10 Zweige frischer Thymian, gewaschen
- 5 Wacholderbeeren
- 5 Gewürznelken
- 1 TL schwarze Pfefferkörner
- 10 Pimentkörner
- 1 EL Backkakaopulver
- 1,5 kg Short Ribs vom Rind (mit Knochen, am Stück)
- Salz
- 3 EL Rapsöl
- frisch gemahlener schwarzer Pfeffer
- 100 g Rohrzucker

AUSSERDEM

- Alufolie

ZUBEREITUNG

Für die Marinade die Knoblauchzehen abziehen und halbieren. Die Zwiebeln ebenfalls abziehen und in Spalten schneiden. Den Knoblauch und die Zwiebeln zusammen mit dem Stout, Lorbeerblättern, Rosmarin, Thymian, Wacholderbeeren, Gewürznelken, Pfefferkörnern, Pimentkörnern und Backkakao in eine Schüssel geben und alles gut verrühren. Die Short Ribs in einen Behälter mit Deckel geben und über Nacht (bzw. 12 Stunden) im Kühlschrank marinieren.

Am nächsten Tag den Ofen auf 100 °C (Ober- und Unterhitze) vorheizen. Das Fleisch gut abtropfen lassen und die Marinade aufbewahren. Das Fleisch rundherum salzen. 3 EL Rapsöl in einer großen Pfanne erhitzen und das Fleisch bei hoher Temperatur von beiden Seiten je 3 Minuten anbraten. Die Pfanne und das Öl beiseitestellen – beides wird später noch benötigt. Das Fleisch nach dem Anbraten von beiden Seiten pfeffern und mit den Knochen nach unten in eine Auflaufform legen. Die Auflaufform möglichst luftdicht mit Alufolie abdecken. Das Fleisch 5 Stunden auf der mittleren Schiene im Ofen garen.

Das Bratöl bis auf 1 EL aus der Pfanne entfernen. Die Zwiebeln, Knoblauch, Kräuter und Gewürze aus der Marinade nehmen und 3 Minuten bei mittlerer Temperatur anbraten. Die Marinade hinzugeben und alles 15–20 Minuten bei mittlerer Temperatur einköcheln lassen, bis die Marinade eine sirupartige Konsistenz bekommen hat. Die Marinade durch ein Sieb gießen und aufbewahren.

Nach 5 Stunden das Fleisch aus dem Ofen nehmen. Die Temperatur im Backofen auf 220 °C erhöhen. Das Fleisch mit der Marinade einpinseln und weitere 20 Minuten im Ofen garen, dabei alle 5 Minuten mit weiterer Marinade einpinseln.

TIPP Zu den Short Ribs passen Röstkartoffeln, Kartoffelpüree, Wurzelgemüse, Kürbis oder Fenchel.

FEURIGE BULGOGI PIES

In den klassisch anmutenden Pies aus buttrigem Mürbeteig steckt eine feurige Füllung aus Bulgogi. Das koreanische »Feuerfleisch« ist herrlich würzig und so saftig-zart, dass es fast auf der Zunge zergeht.

ZUTATEN FÜR 6 STÜCK

ZUTATEN

FÜR DIE FÜLLUNG

- 1 Nashi oder reife Birne (etwa 300 g)
- 1 mittelgroße Zwiebel (etwa 70 g)
- 3 EL Sojasauce
- 2 EL Sesamöl
- 2 EL brauner Zucker
- 1 EL Gochujang-Paste (koreanische Chilipaste aus dem asiatischen Supermarkt)
- 3–4 Knoblauchzehen, grob gerieben
- 25 g frischer Ingwer, grob gerieben
- 2 Prisen frisch gemahlener schwarzer Pfeffer
- 500 g Entrecôte vom Rind
- 2–3 EL Rapsöl
- 2 große Frühlingszwiebeln
- etwas Koriandergrün zum Garnieren

FÜR DEN TEIG

- 3 Eier
- 300 g Weizenmehl (Type 405) + etwas zum Bemehlen der Arbeitsfläche
- 275 g kalte Butter + etwas zum Einfetten der Form
- 1 Prise Salz
- 1 TL helle Sesamsamen
- 1 TL schwarze Sesamsamen

ZUBEREITUNG

FÜLLUNG

Für die Füllung zuerst die Marinade zubereiten. Dafür die Nashi waschen, entkernen und in grobe Würfel schneiden. Die Zwiebel abziehen und ebenfalls grob würfeln. Nashi, Zwiebel, Sojasauce, Sesamöl, Zucker, Gochujang-Paste, Knoblauch, Ingwer und Pfeffer in einen Standmixer geben und pürieren. Die Marinade muss nicht ganz fein püriert werden, sondern darf noch leicht stückig sein.

Das Fleisch in 2 mm dünne Scheiben schneiden, mit der Marinade vermischen und in ein geschlossenes Gefäß geben. Das Fleisch über Nacht bzw. 12 Stunden im Kühlschrank marinieren.

Am nächsten Tag das Fleisch aus der Marinade nehmen und in ein Sieb geben, damit es gut abtropft. Die Abtropfflüssigkeit und die restliche Marinade aufbewahren. 1 EL Öl in einer Pfanne erhitzen. Das Fleisch in 2–3 Portionen bei hoher Temperatur für 4–5 Minuten rundherum anbraten. Dabei immer wieder den Bratensatz mit einem Pfannenwender vom Pfannenboden schaben und mit dem Fleisch vermengen. Zwischen den einzelnen Bratvorgängen weiteres Öl in die Pfanne geben. Das Fleisch aus der Pfanne nehmen und bis zur weiteren Verwendung beiseitestellen.

Die restliche Marinade in die Pfanne geben und 10 Minuten bei mittlerer Temperatur zusammen mit 100 ml Wasser einreduzieren. Dabei regelmäßig umrühren. Währenddessen die Frühlingszwiebeln waschen, putzen und in feine Ringe schneiden. Die eingekochte Marinade mit den Frühlingszwiebeln und dem Fleisch vermengen.

TEIG

Für den Teig zwei Eier trennen. Die Butter in kleine Würfel schneiden. Das Eigelb mit dem Mehl, der Butter und 1 Prise Salz in eine Schüssel geben. Alles mit den Händen zu einem glatten Teig verkneten. Den Teig für 1 Stunde im Kühlschrank kalt stellen.

AUSSERDEM

Pieform mit sechs Mulden (Durchmesser je 9 cm)

WEITERE ZUBEREITUNG

Den Ofen auf 180 °C (Umluft) vorheizen. Den Teig auf einer bemehlten Arbeitsfläche 5 mm dick ausrollen. Aus dem Teig zwölf Kreise von 12 cm Durchmesser ausstechen (z. B. mit einer kleinen Schüssel). Die Mulden mit jeweils einem Teigkreis auslegen. Die Füllung gleichmäßig auf die sechs Mulden verteilen. 1 Ei in einer Schüssel verquirlen und die Teigränder mit Ei einstreichen. Jeden Pie mit einem weiteren Teigkreis verschließen und die Ränder fest andrücken. Die Pies mit Ei einstreichen und mit einem Messer ein kleines Kreuz in die Mitte der Pies schneiden. Mit hellen und schwarzen Sesamsamen bestreuen und für 40 Minuten auf der mittleren Schiene im Ofen backen.

Die Pies vorsichtig aus der Form lösen und am besten noch warm servieren. Mit Korianderblättchen garnieren.

TIPP

Nashi heißt übersetzt einfach Birne. Man bekommt sie in asiatischen Lebensmittelgeschäften, in gut sortierten Supermärkten oder beim Obsthändler. Sie hat eine rundliche Form und ist besonders knackig.

Gute
Deutsche
Küche

TASTY TONKATSU BOWL

MIT UDON, SESAM-ROTKOHL & YUZU-MAYONNAISE

Tonkatsu ist ein japanisches Schnitzel aus Schweinefleisch. Es wird besonders knusprig, weil es nicht in Semmelbröseln, sondern in Panko paniert wird. Die gröbere Struktur der Pankobrösel erhöht den Knusperfaktor.

ZUTATEN FÜR 4 PERSONEN

ZUTATEN

FÜR DAS TOPPING & DIE YUZU-MAYONNAISE

- 4 zimmerwarme Eier
- 6 EL Mayonnaise
- 1 TL Yuzu-Paste (siehe Tipp)
- 2 Frühlingszwiebeln
- 1 EL schwarze Sesamsamen
- 1 EL helle Sesamsamen, geröstet
- Chiliflocken zum Würzen nach Wunsch

FÜR DEN SESAM-ROTKOHL

- 250 g frischer Rotkohl (Gewicht ohne Strunk)
- 4 EL Mirin (süßer japanischer Reiswein, aus dem asiatischen Supermarkt)
- 3 TL geröstetes Sesamöl
- 2 EL Sojasauce
- 1 TL Honig
- 1 TL frischer Ingwer, fein gerieben
- Salz
- frisch gemahlener schwarzer Pfeffer
- 2 EL helle Sesamsamen, geröstet

ZUBEREITUNG

TOPPING & YUZU-MAYONNAISE

Die Eier 5–7 Minuten in kochendem Wasser garen – bei 5 Minuten ist das Eigelb noch flüssig, bei 7 Minuten wachsweich. Für die Yuzu-Mayonnaise die Mayonnaise mit der Yuzu-Paste verrühren. Die Frühlingszwiebeln waschen, putzen und in feine Ringe schneiden. Alles zur späteren Verwendung beiseitestellen.

SESAM-ROTKOHL

Für den Sesam-Rotkohl den Rotkohl in möglichst feine Streifen schneiden. Mirin, Sesamöl, Sojasauce, Honig und Ingwer miteinander zu einem Dressing verrühren. Mit Salz und Pfeffer würzen. Den Rotkohl mit dem Dressing und den Sesamsamen vermengen.

UDON-NUDELN

Für die Udon-Nudeln die Shiitake-Pilze zusammen mit 1 l Wasser in einen Topf geben, einmal aufkochen und 15 Minuten bei mittlerer Temperatur köcheln lassen. Dann die Pilze aus dem Sud nehmen, in dünne Scheiben schneiden und wieder zurück in den Topf geben. Den Sud mit Sojasauce, Honig und Chiliflocken würzen.

Kurz bevor die Tonkatsu fertig sind, die Udon-Nudeln in den Sud geben und erhitzen. Das dauert etwa 2–3 Minuten.

TONKATSU

Für die Tonkatsu das Fleisch von beiden Seiten salzen und pfeffern. Das Ei in eine Schüssel geben und mit einer Gabel verquirlen. Das Mehl und die Pankobrösel auf je einen Teller geben. Das Fleisch zuerst rundherum in Mehl wenden und gut abklopfen. Danach in Ei wenden und dann in den Pankobröseln. Die Brösel gut festdrücken.

FÜR DIE UDON-NUDELN

30 g getrocknete Shiitake-Pilze (aus dem asiatischen Supermarkt)

3 EL Sojasauce

1 TL Honig

2 Prisen Chiliflocken

800 g frische Udon-Nudeln (aus dem Kühlregal im asiatischen Supermarkt)

FÜR DAS TONKATSU

4 Schweinerückensteaks (à 90–100 g, etwa 1,5 cm dick)

Salz

frisch gemahlener schwarzer Pfeffer

1 Ei

2 EL Weizenmehl (Type 405)

70 g Pankobrösel (aus dem asiatischen Supermarkt)

400–450 ml Rapsöl zum Frittieren

Das Öl in eine Pfanne geben – es sollte etwa 1 cm hoch stehen – und erhitzen. Es ist heiß genug, wenn man ein Holzstäbchen hineinhält und sich kleine Bläschen daran bilden. Die Tonkatsu vorsichtig in das Öl legen und von beiden Seiten für je 3–4 Minuten ausbacken. Die Tonkatsu nach dem Frittieren auf Küchenpapier abtropfen lassen.

ANRICHTEN

Die gekochten Eier pellen und halbieren. Die Nudeln in eine Schüssel geben. Etwas Rotkohl auf die Nudeln geben und die Eier danebenlegen. Die Tonkatsu in Streifen schneiden und auf den Rotkohl setzen. Mit Sesamsamen, Frühlingszwiebelröllchen und nach Wunsch mit Chiliflocken bestreuen.

TIPP

Yuzu – eine japanische Zitrusfrucht – bekommt man nur selten bei uns und sie sind auch sehr teuer. Die Paste ist günstiger und man kann sie online oder in asiatischen Lebensmittelgeschäften kaufen.

DAMMIT HOT CHORIZO NACHOS
MIT WEISSEN BOHNEN & JALAPEÑOS

Diese Nachos sind nur etwas für echte Chili-Fans. Denn Schärfe-Softies haben an diesem Snack hart zu knabbern. Im Notfall die Kehle einfach mit einem kühlen und erfrischenden Bier besänftigen!

ZUTATEN FÜR 2 PERSONEN

ZUTATEN

- 1 mittelgroße rote Zwiebel (etwa 70 g)
- 2 Knoblauchzehen
- 4 mittelgroße Strauchtomaten (etwa 300 g)
- 3 EL Rapsöl
- 1 Dose weiße Bohnen (400 g)
- Saft von ½ Limette
- Salz
- frisch gemahlener schwarzer Pfeffer
- 400 g scharfe Chorizo zum Braten
- 300 g Tortilla-Chips
- 300 g Gouda, gerieben
- 2 frische grüne Jalapeño-Schoten
- 2 Frühlingszwiebeln
- ½ Handvoll Koriandergrün
- ½ Handvoll frische Minzblätter

AUSSERDEM

zwei ofenfeste Formen oder Teller

ZUBEREITUNG

Die Zwiebel abziehen und fein würfeln. Den Knoblauch abziehen und fein hacken. Die Tomaten waschen, entkernen und in 1 cm große Würfel schneiden.

2 EL Rapsöl in einer Pfanne erhitzen und die Zwiebeln darin 2 Minuten bei mittlerer Temperatur glasig anschwitzen. Den Knoblauch hinzugeben und 1 Minute mit anschwitzen. Nun die Tomaten hinzugeben und 3 Minuten weitergaren, dabei ab und zu umrühren. Die Bohnen abgießen und zusammen mit dem Limettensaft hinzugeben. Mit Salz und Pfeffer abschmecken und bis zum Servieren warm halten.

Den Ofen auf 200 °C (Umluft) vorheizen. Die Chorizo in 1 cm dicke Scheiben schneiden. 1 EL Rapsöl in einer Pfanne erhitzen und darin die Chorizo bei mittlerer Temperatur rundherum für 6–7 Minuten anbraten. Bis zum Servieren warm halten.

Die Tortilla-Chips in zwei ofenfeste Formen geben und mit dem Gouda bestreuen. Die Chips für etwa 5 Minuten auf der mittleren Schiene im Ofen überbacken, bis der Käse geschmolzen ist.

Währenddessen die Jalapeño-Schoten und Frühlingszwiebeln waschen, putzen und in Ringe schneiden. Koriandergrün und Minze waschen und trockenschütteln. Die Chips aus dem Ofen nehmen, Bohnen und Chorizo daraufgeben und mit Jalapeños, Frühlingszwiebeln, Koriandergrün und Minzblättern garnieren. Sofort servieren.

TIPP Für die Softie-Variante einfach milde Chorizo nehmen und die Jalapeños durch grüne Paprikaschoten ersetzen.

PANZEROTTI
MIT PULLED CHICKEN, MOHN & ZITRONE

Wenn man Pizza noch besser machen möchte, dann kommt man ziemlich schnell auf die Idee, sie zu frittieren – denn mit dieser Methode schmeckt bekanntlich vieles besser. Frittierte Pizza, also Panzerotti, sind aber kein moderner Trend, sondern ein altbekanntes italienisches Streetfood. Die Füllung in meinen Panzerotti ist dagegen neu und besteht aus Huhn, Mohn, Ricotta und Zitrone.

ZUTATEN FÜR 6 STÜCK

ZUTATEN

FÜR DEN TEIG

550 g Weizenmehl (Type 405)
1 Päckchen Trockenhefe (7 g)
1 TL Salz
1 TL Zucker
2 EL Olivenöl

FÜR DIE FÜLLUNG

700 g Hähnchenschenkel
2 EL Olivenöl
250 g Ricotta
30 g Parmesan, frisch gerieben
2 EL ganze Mohnsamen
3 TL Schalenabrieb von einer unbehandelten Zitrone
1 EL frische Thymianblättchen, gewaschen und gehackt
Salz
frisch gemahlener schwarzer Pfeffer
1,5 l Pflanzenöl zum Frittieren

ZUBEREITUNG

TEIG

Für den Teig alle Zutaten mit 300 ml lauwarmem Wasser in eine Schüssel geben und mit den Händen zu einem glatten Teig verkneten. An einem warmen Ort 1 Stunde gehen lassen.

FÜLLUNG

Während der Teig geht, die Füllung vorbereiten. Den Backofen auf 200 °C (Umluft) vorheizen. Die Hähnchenschenkel mit dem Olivenöl einreiben und in eine Auflaufform legen. Für 45 Minuten im Backofen auf der mittleren Schiene garen und danach abkühlen lassen.

Das Hähnchenfleisch von den Knochen trennen, die Haut entfernen und das Fleisch in feine Fasern zerrupfen. Das Fleisch mit dem Ricotta, Parmesan, Mohnsamen, Zitronenschalenabrieb und Thymian vermengen. Mit Salz und Pfeffer abschmecken.

WEITERE ZUBEREITUNG

Das Pflanzenöl in einem Topf erhitzen. Einen Holzstab in das Öl halten – wenn sich daran kleine Bläschen bilden, ist das Öl heiß genug zum Ausbacken. Den Teig in sechs gleich große Portionen aufteilen. Eine Portion zu einem Fladen mit etwa 20 cm Durchmesser formen und etwas Füllung in die Mitte geben. Den Fladen zusammenklappen, sodass ein Halbkreis entsteht. Die offene Seite nach innen klappen, leicht verdrehen und festdrücken, um die Teigtasche zu verschließen. Die Teigtasche vorsichtig in das heiße Öl geben und von jeder Seite 3–5 Minuten goldgelb ausbacken. Mit den restlichen Teigportionen ebenso verfahren. Die fertigen Panzerotti auf Küchenpapier abtropfen lassen und sofort servieren.

KÄSE

JUST SAY CHEESE!

Käse ist Milch in ihrer schönsten Form. Und er gehört definitiv zu den Dingen, von denen es immer ein bisschen mehr sein darf. Als Fondue, Aligot, Mac 'n' Cheese, Pizzabelag oder im Risotto – in jeder Variante bringt er mein Herz zum Schmelzen und zaubert mir ein Lächeln auf die Lippen.

ALPENGLÜHEN

OFEN-OBAZDA MIT BREZN-CHIPS

Zu einem gemütlichen Biergarten-Picknick gehört für mich ein ordentlicher Obazda einfach dazu. Und weil Käse oft noch leckerer wird, wenn er geschmolzen ist, habe ich den urbayerischen Klassiker kurzum im Ofen überbacken. Dazu gibt es Brezn-Chips. O'knuspert is!

ZUTATEN FÜR 4 PERSONEN

ZUTATEN

2 Frühlingszwiebeln
500 g reifer Camembert
100 g Schmand
75 g weiche Butter
½ TL Kümmelpulver
1 TL edelsüßes Paprikapulver
3 Msp. Cayennepfeffer
75 ml Pils-Bier
Salz
frisch gemahlener schwarzer Pfeffer
2 altbackene Brezeln
1–2 EL frische Schnittlauchröllchen

AUSSERDEM

Stabmixer, mittelgroße ofenfeste Form oder Topf
Backblech, Backpapier

ZUBEREITUNG

Den Ofen auf 200 °C (Umluft) vorheizen. Ein Backblech mit Backpapier belegen.

Für den Ofen-Obazda die Frühlingszwiebeln waschen, putzen und fein hacken. Den Camembert in Würfel schneiden und zusammen mit dem Schmand, Butter, Kümmelpulver, Paprikapulver, Cayennepfeffer und Bier in eine Schüssel geben. Alles mit einem Stabmixer zu einer gleichmäßigen Creme verarbeiten, dann die Frühlingszwiebeln unterrühren. Mit Salz und Pfeffer abschmecken und in eine ofenfeste Form geben.

Für die Brezn-Chips die Brezeln in etwa 3 mm dünne Scheiben schneiden und diese auf das Backblech legen. Die Form mit dem Obazda mit auf das Blech stellen.

Alles 15 Minuten auf der mittleren Schiene im Backofen backen, bis die Brezn-Chips schön knusprig sind. Das Backblech aus dem Backofen und die Brezn-Chips vom Blech nehmen. Den Obazda zurück in den Backofen stellen und 15 Minuten weiterbacken, bis die Oberfläche schön gebräunt ist.

Den Obazda direkt aus dem Ofen mit den Schnittlauchröllchen bestreuen und zusammen mit den Brezn-Chips servieren.

TIPP

Die Brezn-Chips sind eine tolle Möglichkeit, um altbackene Brezeln zu verwerten. Sie schmecken auch mit Frischkäse, Schnittlauchquark oder ganz einfach pur.

KÄSEWÄHE
HERZHAFTER SCHWEIZER KÄSEKUCHEN

Ein halbes Kilo Käse, genauer gesagt Gruyère, Appenzeller und Emmentaler, ist in dieser Schweizer Wähe verarbeitet. Zu meinem herzhaften Käsekuchen serviere ich gerne Rote-Bete-Salat oder einen klassischen grünen Salat.

ZUTATEN FÜR EINEN KUCHEN (28 CM DURCHMESSER) | 12 STÜCKE

ZUTATEN

FÜR DEN TEIG

275 g Weizenmehl (Type 405)
½ TL Salz
80 g weiche Butter, in kleine Würfel geschnitten

FÜR DIE FÜLLUNG

150 g Gruyère
150 g Appenzeller
200 g Emmentaler
25 g Weizenmehl (Type 405)
4 Eier
75 g Magerquark
250 ml Milch
2 Prisen Muskatnuss
2 Prisen Cayennepfeffer
Salz
frisch gemahlener schwarzer Pfeffer

AUSSERDEM

Tarteform (28 cm Durchmesser), Backpapier

ZUBEREITUNG

TEIG

Für den Teig Mehl, Salz und Butter mit 100 ml Wasser in eine Schüssel geben und mit den Händen zu einem glatten Teig verarbeiten. Eine Tarteform mit Backpapier auslegen. Den Teig dünn ausrollen und die Tarteform damit auslegen. Den Backofen auf 180 °C (Umluft) vorheizen.

FÜLLUNG

Für die Füllung den Käse fein reiben. Das Mehl mit dem Käse vermischen. Die Eier in eine Schüssel geben und verquirlen. Den Quark und die Milch mit einem Schneebesen unter die Eier rühren und alles mit dem Käse vermengen. Mit Muskatnuss, Cayennepfeffer, Salz und Pfeffer abschmecken.

Die Käsefüllung auf den Teig geben und glatt streichen. Die Käsewähe auf der mittleren Schiene im Backofen 35–40 Minuten backen, bis die Oberfläche goldbraun ist.

TIPP Man kann Reste von der Käsewähe einfrieren und später im Backofen aufbacken.

BLAUES WUNDER
KÄSEFONDUE MIT GORGONZOLA & SALBEI

Ich bin mir ziemlich sicher, dass am Ende des Regenbogens kein Topf mit Gold, sondern ein Topf mit Käsefondue wartet. Meine Variante mit mildem Gorgonzola und gebratenen Salbeiblättern bringt eine feine Würze und neue Aromen ins Spiel und ist eine wahre Gaumenfreunde für echte Käse-Fans.

ZUTATEN FÜR 4 PERSONEN

ZUTATEN

1 Kastenweißbrot

1 EL Butter

12–15 frische Salbeiblätter, gewaschen und trockengeschüttelt

1 Knoblauchzehe

300 g Gruyère, frisch gerieben

300 g Emmentaler, frisch gerieben

250 g milder Gorgonzola, in kleine Stücke geschnitten

400 ml trockener Weißwein

15 g Speisestärke

40 ml Kirschwasser

2 Prisen Muskatnuss, frisch gerieben

frisch gemahlener schwarzer Pfeffer

AUSSERDEM

Fonduetopf (Caquelon) mit Fonduegabeln, Rechaud, Brennpaste

ZUBEREITUNG

Das Brot in mundgerechte Würfel schneiden. Die Butter in einer Pfanne bei mittlerer Temperatur schmelzen lassen und darin die Salbeiblätter 2 Minuten braten. Die Salbeiblätter auf Küchenpapier abtropfen lassen.

Für das Fondue die Knoblauchzehe abziehen und halbieren. Den Fonduetopf mit der Knoblauchzehe ausreiben. Den Käse zusammen mit dem Weißwein in den Fonduetopf geben. Die Speisestärke mit dem Kirschwasser verrühren und ebenfalls in den Fonduetopf geben. Alles bei mittlerer Temperatur so lange leicht köcheln lassen, bis der Käse komplett geschmolzen ist. Dabei immer wieder gut mit einem Schneebesen umrühren, damit sich alle Zutaten gut vermengen. Das dauert etwa 15 Minuten.
Mit Muskatnuss und Pfeffer abschmecken.

Kurz vor dem Servieren die Brennpaste im Rechaud entzünden. Die Salbeiblätter auf das Fondue legen und sofort servieren. Die Brotwürfel zum Fondue reichen – sie werden mit einer Fonduegabel in den flüssigen Käse getunkt.

TIPP

Während des Essens das Fondue immer gut durchrühren. Fondueреste kann man am nächsten Tag auf einer Scheibe Brot im Ofen überbacken.

PIZZA MIT BURRATA,
NEKTARINEN-TOMATEN-SUGO, PINIENKERNEN & MINZE

Extraknusprig wird meine Pizza, weil ich etwas Hartweizengrieß in den Teig gebe – ein köstlicher Kontrast zum cremig-sahnigen Burrata-Käse, der auf der Zunge zergeht. Das Sahnestück wird auf einem fruchtigen Tomatensugo mit Nektarinen gebettet. Eine Pizza zum Reinsetzen!

ZUTATEN FÜR 2 PIZZAS

ZUTATEN
FÜR DEN TEIG

400 g Weizenmehl (Type 405)
200 g Hartweizengrieß
1 Päckchen Trockenhefe (7 g)
1 TL Zucker
1 TL Salz
2 EL Olivenöl

FÜR DEN BELAG

4 Nektarinen (etwa 400 g)
6 mittelgroße Strauchtomaten (etwa 700 g)
2 mittelgroße rote Zwiebeln (etwa 100 g)
2–3 Knoblauchzehen
2 EL Olivenöl
1 EL Tomatenmark
1–2 Prisen Chiliflocken
1 Zweig frischer Rosmarin, gewaschen
Salz
frisch gemahlener schwarzer Pfeffer

ZUBEREITUNG
TEIG

Für den Teig das Mehl mit dem Hartweizengrieß, Trockenhefe, Zucker und Salz vermengen. Dann 300 ml lauwarmes Wasser und das Olivenöl hinzugeben. Alles mit den Händen zu einem geschmeidigen Teig verkneten. Den Teig für eine Stunde an einem warmen Ort gehen lassen.

BELAG

Während der Teig geht, den Belag zubereiten. Dafür die Nektarinen und Tomaten entsteinen bzw. entkernen und beides in 1 x 1 cm kleine Würfel schneiden. Die Zwiebeln und Knoblauchzehen abziehen. 1 Zwiebel fein würfeln und die andere in feine Ringe schneiden. Die Zwiebelringe zur späteren Verwendung beiseitestellen. Den Knoblauch in dünne Scheiben schneiden.

Das Olivenöl in einer Pfanne erhitzen und die Zwiebelwürfel darin bei mittlerer Temperatur für etwa 2 Minuten glasig anschwitzen. Dann den Knoblauch hinzugeben und 1 Minute weiter anschwitzen. Nun das Tomatenmark in die Pfanne geben und 1 Minute anbraten. Die Nektarinen- und Tomatenwürfel einrühren, die Chiliflocken und den Rosmarinzweig hinzufügen. Alles 6–7 Minuten bei mittlerer Temperatur schmoren. Dabei den Sugo ab und zu umrühren. Mit Salz und Pfeffer abschmecken.

50 g Parmesan, frisch gerieben

2 EL Pinienkerne

2 Kugeln Burrata (italienischer Frischkäse, ähnlich wie Mozzarella; erhältlich im Käsehandel oder italienischen Feinkostgeschäft)

3–4 EL hochwertiges Olivenöl zum Beträufeln

2–3 Stängel frische Minze

AUSSERDEM

zwei Backbleche, Backpapier

WEITERE ZUBEREITUNG

Zwei Backbleche mit Backpapier auslegen. Den Backofen auf 220 °C (Umluft) vorheizen.

Den Teig in zwei Portionen aufteilen. Den Teig mit den Händen zu zwei ovalen Fladen von einem Durchmesser von etwa 25 x 35 cm formen und diese auf die Backbleche legen.

Den Sugo gleichmäßig auf den Teigfladen verteilen, mit Parmesan bestreuen und mit den Zwiebelringen belegen. Die Pizzas auf der mittleren Schiene für 20 Minuten im Ofen backen.

Während die Pizzas im Ofen backen, die Pinienkerne in einer Pfanne ohne Fett anrösten, bis sie leicht gebräunt sind.

Nach dem Backen die Pizzas mit den Pinienkernen bestreuen. Je eine Burrata auf die Pizzas legen und leicht anritzen, sodass das cremige Innere sichtbar wird. Alles mit etwas Olivenöl beträufeln und mit Minzblättchen garnieren.

TIPP Anstatt Minze schmeckt auch Rucola, Portulak oder junger Spinat auf der Pizza. Den Burrata kann man durch Büffelmozzarella ersetzen.

PIZZA PIZZA PIZZA
PIZZA PIZZA PIZZA
PIZZA PIZZA PIZZA
PIZZA PIZZA PIZZA
PIZZA PIZZA PIZZA
PIZZA PIZZA PIZZA
PIZZA PIZZA PIZZA
PIZZA PIZZA PIZZA
PIZZA PIZZA PIZZA
PIZZA PIZZA PIZZA
PIZZA PIZZA PIZZA

ALIGOT
KÄSE-KARTOFFEL-PÜREE MIT ROTWEIN-SCHALOTTEN

Dieses Kartoffelpüree hat den Status der Beilage längst überwunden. Jede Menge Käse, Crème fraîche und Butter haben den Aligot zu einem Hauptdarsteller erhoben. Die süßen Rotwein-Schalotten sind würdige Nebendarsteller und ergänzen ihn hervorragend.

ZUTATEN FÜR 4 PERSONEN

ZUTATEN

FÜR DIE ROTWEIN-SCHALOTTEN

400 g Schalotten
1 EL Rapsöl
1 EL brauner Zucker
200 ml trockener Rotwein, z. B. Merlot
1 Lorbeerblatt (bevorzugt frisch)
3 Gewürznelken
3 Wacholderbeeren
3 Pimentkörner
Salz
frisch gemahlener schwarzer Pfeffer
1 TL kalte Butter

FÜR DAS ALIGOT

1 kg mehligkochende Kartoffeln
200 g Crème fraîche
50 g Butter
2 Msp. Muskatnuss
1 Knoblauchzehe, fein gerieben
400 g Tomme de Savoie (aus dem Käse-Fachgeschäft), frisch gerieben
Salz
schwarzer Pfeffer

ZUBEREITUNG

ROTWEIN-SCHALOTTEN

Für die Rotwein-Schalotten die Schalotten abziehen und je nach Größe halbieren oder vierteln. Das Rapsöl in einer Pfanne erhitzen und darin die Schalotten für 5 Minuten anbraten, bis sie leicht gebräunt sind. Den Zucker über die Schalotten geben und für 1 Minute karamellisieren lassen. Mit Rotwein ablöschen und das Lorbeerblatt, Gewürznelken, Wacholderbeeren und Pimentkörner hinzugeben. Alles für 15 Minuten bei mittlerer Temperatur köcheln lassen. Mit Salz und Pfeffer würzen, dann die kalte Butter einrühren.

ALIGOT

Für das Aligot die Kartoffeln schälen und in etwa 2 x 2 cm große Würfel schneiden. In einen Topf mit leicht gesalzenem Wasser geben und in 15 Minuten weich kochen.

Die Kartoffelwürfel abgießen, zurück in den Topf geben und ausdampfen lassen. Dann mit einer Kartoffelpresse zu feinem Püree verarbeiten. Crème fraîche, Butter, Muskatnuss und Knoblauch unter das Püree geben und dieses vorsichtig bei niedriger Hitze erwärmen, denn es brennt leicht an. Nun den Käse mit einem Holzlöffel und kräftigen Schlagbewegungen unter das Püree heben, bis es eine leicht klebrige, cremige Konsistenz hat. Das Aligot mit Salz und Pfeffer abschmecken und sofort mit dem Rotweinzwiebeln servieren. Das Aligot und die Schalotten sind im Foodfoto auf Seite 167 zu sehen.

QUESADILLAS
MIT ROQUEFORT & STAUDEN-SELLERIE-TOMATEN-SALSA

Roquefort hat zwar überhaupt nichts mit Mexiko zu tun, aber dennoch fand er durch meine Experimentierfreudigkeit den Weg auf diese Quesadillas. Dort fühlt er sich zusammen mit einer knackig-frischen Salsa mit Staudensellerie und Tomaten sehr wohl.

ZUTATEN FÜR 18 STÜCK

ZUTATEN

FÜR DIE STAUDEN-SELLERIE-TOMATEN-SALSA

6 mittelgroße reife Strauch-tomaten (etwa 500 g)

4 Stangen Staudensellerie (etwa 200 g)

1 kleine rote Zwiebel (etwa 50 g)

1 kleine Knoblauchzehe

1 TL Peperoni, entkernt und fein gehackt

3 EL Olivenöl

1 TL Honig

2 unbehandelte Limetten

Salz

frisch gemahlener schwarzer Pfeffer

1 Handvoll frisches Koriandergrün

FÜR DIE QUESADILLAS

3 Frühlingszwiebeln (etwa 60 g)

300 g Roquefort

150 g Doppelrahmfrischkäse

frisch gemahlener schwarzer Pfeffer

6 Weizen-Tortillas (28 cm Durchmesser)

3 EL Rapsöl

ZUBEREITUNG

STAUDENSELLERIE-TOMATEN-SALSA

Für die Salsa die Tomaten vierteln, entkernen und in 1 cm kleine Würfel schneiden. Die Fäden vom Staudensellerie abziehen und die Stangen in 5 mm dünne Scheiben schneiden. Die Zwiebel abziehen und fein würfeln. Den Knoblauch abziehen und sehr fein hacken. Alles mit der Peperoni, Olivenöl und Honig in eine Schüssel geben. Die Schale von der Limette abreiben, den Saft auspressen und beides hinzufügen. Alles gut vermischen und mit Salz und Pfeffer abschmecken. Das Koriandergrün waschen, trockenschütteln, grob hacken und kurz vor dem Servieren mit der Salsa vermischen.

QUESADILLAS

Für die Quesadillas die Frühlingszwiebeln waschen, putzen und sehr fein hacken. Mit dem Roquefort und Frischkäse vermengen. Mit Pfeffer abschmecken. Die Tortillas auf einer Hälfte mit der Käsecreme bestreichen und zu einem Halbkreis zusammenklappen. 1 EL Rapsöl in einer großen Pfanne erhitzen und zwei Quesadillas nebeneinander in die Pfanne legen. Bei mittlerer Temperatur von jeder Seite 3–4 Minuten anbraten. Den Vorgang mit den anderen Quesadillas wiederholen. Zwischen jedem Bratvorgang 1 EL Rapsöl in die Pfanne geben.

ANRICHTEN

Die fertigen Quesadillas jeweils in drei gleich große Stücke zerteilen und zusammen mit der Salsa servieren.

SMOKEY KASPRESSKNÖDEL
MIT SCAMORZA & APFEL-RADIESCHEN-RELISH

Scamorza ist ein italienischer Käse, der geräuchert wird und dadurch schön kräftig schmeckt. So machen die Kaspressknödel noch mehr Gaudi als ohnehin schon. Ich serviere dazu ein knackiges Apfel-Radieschen-Relish.

ZUTATEN FÜR 4 PERSONEN (12 STÜCK)

ZUTATEN

FÜR DAS APFEL-RADIESCHEN-RELISH

- 1 mittelgroßer Apfel (etwa 170 g)
- 12 Radieschen (etwa 250 g)
- 1 unbehandelte Orange
- 2 EL Rapsöl
- 2 EL Weißweinessig
- 2 TL Honig
- 2 EL Radieschenblätter, gewaschen, trockengeschüttelt und fein gehackt
- Salz
- frisch gemahlener schwarzer Pfeffer

FÜR DIE KASPRESSKNÖDEL

- 300 g altbackene Brötchen
- 250 g Scamorza
- 1 mittelgroße Zwiebel (etwa 70 g)
- 50 g Butter
- 200 ml Milch
- 2 Prisen Muskatnuss, frisch gerieben
- Salz
- frisch gemahlener schwarzer Pfeffer
- 2 Eier
- 3 EL Butterschmalz

ZUBEREITUNG

APFEL-RADIESCHEN-RELISH

Für das Relish den Apfel waschen, vierteln und entkernen. Die Apfelviertel und Radieschen in 0,5–1 cm kleine Würfel schneiden. Die Orange waschen, abtrocknen, die Schale abreiben und den Saft auspressen. Den Orangenabrieb und -saft, Rapsöl, Weißweinessig, Honig und Radieschenblätter zu einem Dressing verrühren. Mit Salz und Pfeffer abschmecken. Das Dressing mit den Apfel- und Radieschenwürfeln vermengen und bis zum Servieren beiseitestellen.

KASPRESSKNÖDEL

Für die Kaspressknödel die Brötchen in etwa 1 cm große Würfel schneiden. Den Scamorza grob reiben. Die Zwiebel abziehen und fein würfeln. Die Butter in einem kleinen Topf schmelzen und die Zwiebelwürfel darin etwa 1 Minute glasig anschwitzen. Die Milch hinzugeben und alles vermischen. Mit Muskatnuss, Salz und Pfeffer abschmecken. Die Zwiebelmilch über die Brötchenwürfel gießen, alles 15 Minuten ziehen und lauwarm abkühlen lassen. Dann die Eier hinzugeben und die Brötchenmasse gut durchkneten. Zum Schluss den geriebenen Käse gleichmäßig unterkneten. Aus der Masse zwölf gleich große Knödel von etwa 7 cm Durchmesser formen.

3 EL Butterschmalz in einer Pfanne erhitzen und die Kaspressknödel darin von jeder Seite 4–5 Minuten anbraten, bis sie leicht gebräunt sind.

Die Kaspressknödel zusammen mit dem Apfel-Radieschen-Relish servieren.

TIPP Die Blätter von Radieschen sind essbar. Man kann sie wie Kräuter verwenden oder zu Suppe, Salat und Pesto verarbeiten.

MAC 'N' CHEESE MANIA

MIT CAMEMBERT & PREISELBEER-ZWIEBEL-CONFIT

Gebackener Camembert mit Preiselbeersauce war für mich früher der Himmel auf Erden. Um den Geschmack in die Moderne zu transportieren, habe ich den Käse in Mac 'n' Cheese verarbeitet und serviere dazu ein fruchtiges Preiselbeer-Zwiebel-Confit. Wer mag, kann natürlich ganz nostalgisch noch etwas frittierte krause Petersilie dazu servieren.

ZUTATEN FÜR 6 PERSONEN

ZUTATEN

FÜR DIE MAC 'N' CHEESE

- 700 g kurze Makkaroni
- Salz
- 400 g Camembert
- 200 g Emmentaler
- 70 g Butter
- 70 g Weizenmehl (Type 405)
- 1 l Milch
- 2 Prisen Muskatnuss, frisch gerieben
- frisch gemahlener schwarzer Pfeffer

FÜR DAS PREISELBEER-ZWIEBEL-CONFIT

- 5–6 mittelgroße rote Zwiebeln
- 3 EL Rapsöl
- 2 EL dunkler Aceto balsamico
- 150 g Preiselbeerkonfitüre
- 7 Pimentkörner
- 2 Lorbeerblätter
- 1 Prise Salz
- 1 Prise frisch gemahlener schwarzer Pfeffer

AUSSERDEM

- Auflaufform (etwa 20 x 30 cm)

ZUBEREITUNG

MAC 'N' CHEESE

Für die Mac 'n' Cheese die Makkaroni nach Packungsanweisung in gesalzenem Wasser bissfest kochen und abgießen. Den Cambembert und den Emmentaler grob reiben. Den Backofen auf 200 ºC (Umluft) vorheizen.

Die Butter in einem großen Topf schmelzen und mit einem Schneebesen das Mehl einrühren, bis keine Klümpchen mehr vorhanden sind. 1 Minute bei mittlerer Temperatur anschwitzen und dabei immer wieder mit dem Schneebesen umrühren. Dann nach und nach die Milch unterrühren. Einmal aufkochen und dabei weiterrühren, bis die Sauce andickt. Nun die Muskatnuss und die Hälfte des Emmentalers und Camemberts unterrühren. Alles mit Salz und Pfeffer abschmecken.

Die Makkaroni mit der Sauce vermischen, in eine Auflaufform geben und gleichmäßig mit dem restlichen Käse bestreuen. Die Mac 'n' Cheese auf der mittleren Stufe 30–35 Minuten goldgelb im Ofen überbacken.

PREISELBEER-ZWIEBEL-CONFIT

Für das Preiselbeer-Zwiebel-Confit die Zwiebeln abziehen, halbieren und in feine Scheiben schneiden. Das Öl in einer Pfanne erhitzen und die Zwiebeln bei mittlerer Temperatur 10 Minuten anschwitzen. Dabei immer wieder umrühren. Mit Aceto balsamico ablöschen und dann alle weiteren Zutaten unterrühren. Alles 5 Minuten bei mittlerer Temperatur leicht weiterköcheln lassen. In einer separaten Schüssel zusammen mit den Mac 'n' Cheese servieren.

C'EST-LA-BRIE-RISOTTO

MIT BESCHWIPSTEN KIRSCHEN

Wenn's mal nicht so läuft, sag ich mir einfach »C'est la Brie« und mache mir ganz gelassen diesen wunderbar cremigen Risotto mit extraviel Käse und ein paar beschwipsten Kirschen. Schon sieht die Welt ganz anders aus.

ZUTATEN FÜR 4 PERSONEN

ZUTATEN

FÜR DIE BESCHWIPSTEN KIRSCHEN

600 g frische Kirschen
40 ml Kirschwasser
20 ml dunkler Aceto balsamico
1 EL Zucker
1 Zweig frischer Rosmarin, gewaschen
1 TL Speisestärke
Salz
frisch gemahlener schwarzer Pfeffer

FÜR DEN RISOTTO

200 g Brie
5 mittelgroße Schalotten (etwa 100 g)
1,2 l Gemüsefond
5 EL Olivenöl
400 g Risottoreis
150 ml trockener Weißwein
1 Zweig frischer Rosmarin, gewaschen
5–6 Zweige frischer Thymian, gewaschen
1 Lorbeerblatt (bevorzugt frisch)
80 g Parmesan, frisch gerieben
2 EL Butter
Salz
frisch gemahlener schwarzer Pfeffer

ZUBEREITUNG

BESCHWIPSTE KIRSCHEN

Für die beschwipsten Kirschen die Kirschen entsteinen und zusammen mit 30 ml Kirschwasser, Aceto balsamico, Zucker und Rosmarinzweig in einen kleinen Topf geben. Die Kirschen einmal aufkochen und dann bei mittlerer Temperatur 5 Minuten leicht köcheln lassen. Die Speisestärke mit dem restlichen Kirschwasser verrühren und zu den Kirschen geben. Alles gut umrühren und nochmals aufkochen. Mit Salz und Pfeffer abschmecken.

RISOTTO

Für den Risotto die Rinde möglichst dünn vom Brie abschneiden und den Brie fein würfeln. Zur späteren Verwendung beiseitestellen. Die Schalotten abziehen und in feine Würfel schneiden. Den Gemüsefond in einen Topf geben und erhitzen. In einem weiteren Topf das Öl heiß werden lassen und die Schalotten darin 1 Minute glasig anschwitzen. Dann den Risottoreis dazugeben und 1–2 Minuten mit anschwitzen, bis er leicht glasig geworden ist. Dabei immer wieder umrühren, sodass der Reis nicht ansetzt. Dann mit Weißwein ablöschen und den Rosmarin, vier Zweige Thymian und das Lorbeerblatt hinzugeben.

Nun eine Schöpfkelle Fond dazugeben und umrühren. Weiterrühren, bis der Reis den Fond aufgesaugt hat. Immer wieder kellenweise Fond hinzufügen und unterrühren. Nach etwa 20 Minuten ist der Reis gar. Er sollte noch leichten Biss haben. Den Brie, Parmesan und Butter hinzugeben und gut vermengen. Mit Salz und Pfeffer abschmecken.

ANRICHTEN

Die Kirschen nochmals erwärmen. Den Risotto auf Tellern anrichten und die Kirschen daraufgeben. Mit Thymianblättchen garnieren und sofort servieren.

MANDEL-MALFATTI
MIT BRESAOLA & KARAMELLISIERTEM FENCHEL

Malfatti sind italienische Teignocken aus Ricotta, Parmesan und Hartweizengrieß. Ich verfeinere meine Malfatti noch mit gemahlenen Mandeln. Dazu gibt es Bresaola, einen köstlichen Rinderschinken, und karamellisierten Fenchel.

ZUTATEN FÜR 4 PERSONEN (24 STÜCK)

ZUTATEN

4 EL Mandelblättchen
500 g Gemüsefenchel
2 EL Olivenöl
1 EL brauner Zucker
75 g Butter
1–2 Prisen Chiliflocken
Salz
frisch gemahlener schwarzer Pfeffer
1 kleine Zwiebel (etwa 50 g)
120 g Parmesan, frisch gerieben
2 EL Rapsöl
250 g Ricotta
170 g Hartweizengrieß
100 g gemahlene Mandeln
70 g Weizenmehl (Type 405)
3 Eier
1 Prise Muskatnuss
2 TL frische Thymianblättchen, gewaschen und fein gehackt
70 g dünn geschnittener Bresaola

AUSSERDEM

Schaumkelle, Backblech

ZUBEREITUNG

Die Mandelblättchen in einer Pfanne ohne Fett bei mittlerer Temperatur anrösten, bis sie leicht gebräunt sind. Zur späteren Verwendung beiseitestellen.

Den Fenchel waschen, putzen und in 1 cm dicke Scheiben schneiden. Das Olivenöl in einer Pfanne erhitzen und den Fenchel rundherum bei mittlerer Temperatur 7–8 Minuten anbraten. Den Zucker über den Fenchel streuen und 1 Minute karamellisieren. 25 g Butter hinzugeben und schmelzen lassen. Mit Chiliflocken, Salz und Pfeffer abschmecken.

Die Zwiebel abziehen und sehr fein würfeln. Wenn die Zwiebelwürfel nicht fein genug sind, halten die Malfatti nicht zusammen. 1 EL Rapsöl in einer Pfanne erhitzen und darin die Zwiebel bei mittlerer Hitze etwa 1 Minute glasig anschwitzen, dann lauwarm abkühlen lassen.

80 g von dem geriebenen Parmesan, Zwiebel, Ricotta, Hartweizengrieß, gemahlene Mandeln, Mehl, Eier, Muskatnuss und Thymian in eine Schüssel geben. Alles gut verrühren, bis eine gleichmäßige Masse entstanden ist. Mit Salz und Pfeffer abschmecken.

Einen großen Topf mit reichlich Salzwasser aufsetzen. Ein Backblech mit dem restlichen Rapsöl einstreichen. Wenn das Wasser kocht, aus der Masse mithilfe von zwei Esslöffeln Nocken formen. Dazu nimmt man 1 großzügigen EL Masse auf den einen Löffel und streicht diese mit dem anderen Löffel entgegengesetzt ab. Diesen Prozess wiederholt man noch ein- bis zweimal, sodass eine schöne Nockenform entsteht. Die Malfatti sofort ins Wasser geben und 5–6 Minuten in siedendem Wasser garen. Wenn sie an der Wasseroberfläche schwimmen, noch etwa 30 Sekunden warten und dann mit einer Schaumkelle aus dem Wasser nehmen. Die fertigen Malfatti nebeneinander auf das geölte Blech legen. Immer nur sechs bis sieben Malfatti gleichzeitig in den Topf geben, damit sie genügend Platz haben.

Wenn alle Malfatti fertig sind, die restliche Butter bei mittlerer Temperatur in einer Pfanne schmelzen lassen. Die Malfatti darin rundherum 5–6 Minuten braten, bis sie leicht gebräunt sind. Den Bresaola grob zerzupfen und mit den Malfatti vermengen. Den Fenchel nochmals erwärmen.

Die Malfatti mit dem Bresaola und Fenchel auf Tellern anrichten. Mit dem restlichen Parmesan und den Mandelblättchen bestreuen.

NACL

DIE FORMEL ZUM GLÜCK

Nachsalzen ist bei mir erlaubt und sogar ausdrücklich erwünscht! Schließlich ist Salz unerlässlich für den guten Geschmack und das Salzempfinden sehr individuell. Für mich ist es mehr als nur eine Nebensache. Ich widme dem Salz daher gerne meine volle Aufmerksamkeit und biete ihm eine würdige Bühne.

MUNTERES HUHN
IN KAFFEE-SALZ-KRUSTE

Kaffee-Junkies kommen bei diesem Gericht garantiert auf ihre Kosten. Bevor ich das Huhn unter einer Kaffee-Salz-Kruste verstecke, fülle ich es mit Orangenstückchen, Zwiebel und aromatischen Gewürzen, die ihren köstlichen Duft verströmen, wenn man die Umhüllung direkt am Tisch mit einem Hammer aufschlägt – ein echter Wow-Effekt!

ZUTATEN FÜR 4 PERSONEN

ZUTATEN

2 Prisen gemahlener Kardamom
2 Prisen gemahlener Zimt
½ TL frisch gemahlener schwarzer Pfeffer
2 Prisen Chiliflocken
1 EL flüssiger Honig
1 küchenfertiges Huhn (etwa 2 kg)
1 unbehandelte Orange
1 mittelgroße Zwiebel (etwa 70 g)
12 Kardamomkapseln
3 Stück Sternanis
1 Zimtstange
½ TL Pfefferkörner, zerstoßen
3 kg grobes Meersalz
100 g gemahlener Kaffee
2 Eiweiß

AUSSERDEM

Backblech, Backpapier, Hammer

ZUBEREITUNG

Aus dem gemahlenen Kardamom, Zimt, frisch gemahlenem Pfeffer, Chiliflocken und Honig eine Gewürzpaste anrühren. Das Huhn ggf. mit Küchenpapier trockentupfen und rundherum mit der Gewürzpaste einreiben.

Die Orange ungeschält in 2–3 cm große Stücke schneiden. Die Zwiebel abziehen und in ebenso große Stücke schneiden. Die Kardamomkapseln andrücken. Orangenstücke, Zwiebelstücke, Kardamomkapseln, Sternanis, Zimtstange und zerstoßene Pfefferkörner in das Huhn füllen.

Den Ofen auf 200 °C (Umluft) vorheizen. Ein Backblech mit Backpapier auslegen. Das Salz mit dem Kaffee in einer großen Schüssel vermengen. Das Eiweiß halb steif schlagen, mit der Kaffee-Salz-Mischung und 250 ml Wasser verrühren.

⅓ der Kaffee-Salz-Mischung mittig auf dem Backblech verteilen, sodass das Huhn darauf Platz hat. Das Huhn auf das Kaffee-Salz-Bett legen. Die restliche Kaffee-Salz-Mischung rundherum am Huhn festdrücken. Es sollte vollkommen bedeckt sein.

Das Huhn auf der unteren Schiene im Backofen 1 Stunde und 45 Minuten garen. Vor dem Servieren die Salzkruste mit einem Hammer aufschlagen und überschüssiges Salz vom Huhn entfernen, z. B. mit einem Backpinsel. Salzkruste und Füllung sind nicht zum Verzehr geeignet.

TIPP

Als Beilage passen besonders gut Röstkartoffeln und Wurzelgemüse, wie Karotten, Pastinaken oder Rote Bete. Auch Kürbis oder Fenchel schmecken gut dazu.

BREZELNUGGETS
MIT RÖSTZWIEBEL-DIP

Ob beim Picknick, Serienmarathon oder als Party-Fingerfood – die Brezeln im praktischen Snackformat gehen irgendwie immer. Noch besser schmecken sie zusammen mit meinem Röstzwiebel-Dip oder einem einfachen Schnittlauch-Schmand.

ZUTATEN FÜR 45–50 STÜCK

ZUTATEN

FÜR DIE BREZELNUGGETS

- 50 g Butter
- 50 ml lauwarme Milch
- 1 TL Trockenhefe
- 1 TL Zucker
- 300 g Weizenmehl (Type 405) + etwas zum Bemehlen der Arbeitsfläche
- 1 Prise Salz
- 50 g Natron
- 1 EL grobes Meersalz

FÜR DEN RÖSTZWIEBEL-DIP

- 3 mittelgroße Zwiebeln (etwa 200 g)
- 2 Prisen Salz
- 2 EL Weizenmehl (Type 405)
- 200 ml Rapsöl
- 300 g Schmand
- 1 TL grober Dijonsenf
- 3 TL flüssiger Honig
- Salz
- frisch gemahlener schwarzer Pfeffer

AUSSERDEM

Backblech, Backpapier, Küchenpapier

ZUBEREITUNG

BREZELNUGGETS

Für die Brezelnuggets die Butter schmelzen und lauwarm abkühlen lassen. 100 ml lauwarmes Wasser, Milch, Trockenhefe und Zucker verrühren. Alles zusammen mit der Butter, Mehl und Salz 7–8 Minuten mit einem Knethaken (Küchenmaschine oder Handrührgerät) auf mittlerer Stufe verkneten. Den Teig 1 Stunde an einem warmen Ort gehen lassen.

Den Teig in mehrere Portionen aufteilen und diese auf einer bemehlten Arbeitsfläche zu Strängen von etwa 2,5 cm Durchmesser ausrollen. Die Stränge in 3 cm lange Stückchen schneiden.

Den Backofen auf 180 °C (Umluft) vorheizen. Ein Backblech mit Backpapier belegen.

Das Natron mit 1 l Wasser in einen Topf geben und einmal aufkochen. Dann die Hitze reduzieren. Die Teigstücke portionsweise in den Topf geben und 30 Sekunden in der Natronlauge ziehen lassen, dann auf das Backblech setzen.

Die Brezelnuggets mit grobem Meersalz bestreuen und etwa 25–30 Minuten auf der mittleren Schiene backen, bis sie goldbraun sind.

RÖSTZWIEBEL-DIP

Für den Dip die Zwiebeln abziehen und in feine Ringe schneiden, dann salzen und rundherum mit Mehl bestauben. Das Öl in eine Pfanne geben und erhitzen. Die Zwiebeln bei mittlerer Temperatur 5–7 Minuten goldbraun anbraten, dabei ab und zu wenden. Die Zwiebeln nach dem Braten auf Küchenpapier abtropfen lassen.

1–2 EL Röstzwiebeln für die Garnierung beiseitestellen. Die restlichen Zwiebeln fein hacken und in eine Schüssel geben. Mit dem Schmand, Senf und Honig vermengen. Mit Salz und Pfeffer abschmecken.

Die Brezelnuggets zusammen mit dem Dip servieren. Am besten schmecken sie frisch aus dem Ofen.

TIPP

Für den Schnittlauch-Schmand einfach 300 g Schmand mit 3 EL frischen Schnittlauchröllchen vermengen und mit Salz und frisch gemahlenem Pfeffer abschmecken.

PAPAS ARRUGADAS
MIT MILCH-AIOLI

Die kleinen Kartoffeln mit Salzkruste von den Kanarischen Inseln sehen unscheinbar aus, haben es aber in sich. Noch mehr Wumms hat die Milch-Aioli mit ordentlich Knofi, deren Basis eine Mayonnaise ohne Eier ist, die nur aus Milch und Öl hergestellt wird.

ZUTATEN FÜR 4 PERSONEN
ALS KLEINE VORSPEISE

ZUTATEN

FÜR DIE KARTOFFELN

1 kg möglichst kleine festkochende Drillingskartoffeln

200 g Meersalz

FÜR DIE MILCH-AIOLI

1–2 Knoblauchzehen

100 ml Milch

200–220 ml Rapsöl

1–2 Spritzer Zitronensaft

Salz

AUSSERDEM

Stabmixer

ZUBEREITUNG

KARTOFFELN

Die Kartoffeln und das Salz in einen Topf geben und mit Wasser auffüllen, bis die Kartoffeln bedeckt sind. Die Kartoffeln in etwa 15–20 Minuten gar kochen.

Dann das Wasser bis auf einen halben Fingerbreit abgießen. Die Kartoffeln so lange weiterkochen, bis das Wasser verdunstet ist und sich eine Salzkruste gebildet hat. Den Topf dabei immer wieder rütteln, damit sich das Salz gleichmäßig um die Kartoffeln verteilt.

MILCH-AIOLI

Die Knoblauchzehen abziehen, grob hacken und zusammen mit der Milch in ein hohes Rührgefäß geben. Die Milch mit einem Stabmixer aufmixen und den Knoblauch fein zerkleinern. Nach und nach das Öl zuerst tröpfchenweise und dann in einem feinen Strahl dazugießen. Dabei den Stabmixer auf- und abbewegen. Weitermixen, bis eine weiße, mayonnaiseartige Creme entstanden ist. Mit Zitronensaft und Salz abschmecken.

ANRICHTEN

Die Papas Arrugadas mit der Aioli servieren.

SALT & PEPPER SQUID
MIT SRIRACHA-MAYONNAISE

Dieses Gericht erinnert mich an meine Reisen in Thailand. Dort habe ich die frittierten Tintenfischringe und kleinen Kraken häufig gegessen. Sie werden ganz schlicht mit weißem Pfeffer, Salz und Knoblauch gewürzt. Ich serviere dazu noch eine schnelle Sriracha-Mayonnaise zum Dippen.

ZUTATEN FÜR 4 PERSONEN

ZUTATEN

6 EL Mayonnaise
2–3 EL Sriracha (thailändische Chilisauce, Menge je nach gewünschtem Schärfegrad)
1 Peperoni
4 kleine Schalotten
2 Limetten
1 kg küchenfertige Tintenfischringe und kleine Kraken
3–4 Knoblauchzehen
1 gestrichener TL gemahlener weißer Pfeffer
2 Prisen Salz
1 l Rapsöl zum Frittieren
200 g Weizenmehl (Type 405)
1 Handvoll Koriandergrün, gewaschen und trockengeschüttelt
1 TL weiße Pfefferkörner, frisch gemörsert
½ TL grobes Meersalz

AUSSERDEM

Küchenpapier

ZUBEREITUNG

Für den Dip die Mayonnaise mit der Sriracha verrühren. Die Peperoni in dünne Scheiben schneiden. Die Schalotten abziehen und in feine Ringe schneiden. Die Limette achteln. Alles zur späteren Verwendung beiseitestellen.

Die Tintenfischringe und Kraken gründlich mit Küchenpapier abtrocknen, da sie sonst sehr stark im heißen Fett spritzen. Die Knoblauchzehen abziehen und fein reiben. Die Tintenfischringe und Kraken mit dem Knoblauch, gemahlenem Pfeffer und Salz vermengen.

Das Rapsöl in einem Topf erhitzen. Der Topf sollte maximal zur Hälfte gefüllt sein, da das Öl stark brodelt, wenn man das Frittiergut hineingibt. Einen Holzstab in das Öl halten – wenn sich daran kleine Bläschen bilden, ist das Öl heiß genug zum Frittieren. Die Tintenfischringe und Kraken portionsweise in Mehl wenden und sehr vorsichtig in das heiße Öl geben. Dabei immer nur etwa 1 kleine Handvoll Frittiergut in den Topf geben, da es sonst zu stark spritzt und das Öl überkochen könnte. Die Tintenfischringe etwa 1 Minute und die Kraken etwa 2 Minuten frittieren, bis sie leicht gebräunt sind. Dann auf Küchenpapier abtropfen lassen.

Die Tintenfischringe und Kraken mit gemörsertem Pfeffer und Salz bestreuen, mit Peperonischeiben, Schalottenringen sowie Koriandergrün garnieren und sofort servieren. Dazu die Sriracha-Mayonnaise und Limettenachtel reichen.

TIPP

Sriracha ist eine scharfe Chilisauce aus Thailand. Sie ist mittlerweile weltweit verbreitet und man bekommt sie im Supermarkt oder asiatischen Lebensmittelgeschäften.

SALZLACHS-BURGER

MIT SHISO, EDAMAME-GUACAMOLE & MISO-ANANAS

Salzlachs oder Shiozake habe ich das erste Mal in Japan zum Frühstück gegessen und ich war sofort von dem intensiven Aroma begeistert, das mich zu diesem Cross-over-Burger mit Miso-Ananas und einer cremigen Guacamole inspiriert hat – eine köstliche Kombination aus Salzigkeit und Süße.

ZUTATEN FÜR 4 PERSONEN

ZUTATEN

FÜR DEN SALZLACHS

600 g Lachsfilet mit Haut
50 ml Sake
2 TL Salz

FÜR DIE EDAMAME-GUACAMOLE

150 g Edamame-Kerne (TK-Produkt, aus dem asiatischen Supermarkt)
2 kleine reife Avocados
1 Frühlingszwiebel
1 unbehandelte Limette
1 TL geröstetes Sesamöl
Salz
frisch gemahlener schwarzer Pfeffer

ZUBEREITUNG

SALZLACHS

Für den Salzlachs den Lachs in 2 cm breite Streifen schneiden. In eine Schüssel geben und mit dem Sake übergießen. Die Schüssel abdecken, in den Kühlschrank stellen und den Lachs 30 Minuten marinieren.

Den Sake abgießen und den Lachs trockentupfen. Eine Glas- oder Porzellanschale mit vier Lagen Küchenpapier auslegen, den Lachs rundherum salzen und mit weiteren vier Lagen Küchenpapier abdecken. Je nach Größe der Schüssel kann der Lachs auch in zwei Schichten liegen. In diesem Fall eine weitere Schicht Küchenpapier dazwischenlegen. Die Schüssel luftdicht abdecken und den Lachs 24 Stunden im Kühlschrank ziehen lassen.

Nach 24 Stunden den Lachs aus der Schüssel nehmen und ggf. Salzreste entfernen. Den Ofen auf 200 °C (Ober- und Unterhitze) vorheizen. Die Lachsstreifen nebeneinander auf ein Backblech mit Backpapier legen und auf der mittleren Schiene 15 Minuten im Backofen garen. Dann das Blech unter den Backofengrill schieben und auf höchster Stufe 5 Minuten grillen. Den Ofen ausstellen, auf 80 °C abkühlen lassen und den Lachs bis zum Servieren im Ofen warm halten.

EDAMAME-GUACAMOLE

Während der Lachs im Ofen ist, die Guacamole zubereiten. Dafür die Edamame-Kerne 5 Minuten in kochendem Salzwasser garen, abgießen und abkühlen lassen. Die Avocados entkernen und das Fruchtfleisch aus der Schale löffeln. Das Avocadofruchtfleisch mit der Hälfte der Edamame-Kerne pürieren. Die Frühlingszwiebel waschen, putzen und sehr fein hacken. Die Limette waschen, abtrocknen, die Schale abreiben und den Saft auspressen. Das Avocado-Edamame-Püree mit den restlichen Edamame-Kernen, Frühlingszwiebeln, Limettenschalenabrieb und -saft sowie Sesamöl vermengen. Alles mit Salz und Pfeffer abschmecken.

FÜR DIE MISO-ANANAS

4 Scheiben frische Ananas, 1,5 cm dick geschnitten

1 TL helle Miso-Paste

1 EL Rapsöl

WEITERE ZUTATEN

4 schwarze Burgerbrötchen mit Sesam

1 Handvoll frische Shiso-Blätter (asiatisches Würzkraut, erhältlich im asiatischen Supermarkt)

AUSSERDEM

Küchenpapier, Backblech, Backpapier

Stabmixer

MISO-ANANAS

Für die Miso-Ananas die Schale und den Strunk der Ananas entfernen. Die Miso-Paste mit 50 ml Wasser verrühren. Das Öl in einer Pfanne erhitzen und darin die Ananas von beiden Seiten je 2 Minuten bei hoher Temperatur anbraten. Die Ananas mit der verdünnten Miso-Paste ablöschen und von jeder Seite 1 Minute weiterbraten. Bis zum Servieren in der Pfanne warm halten.

ANRICHTEN

Auf die untere Hälfte der Burgerbrötchen jeweils eine Ananasscheibe legen. Darauf die Guacamole, den Lachs und die Shiso-Blätter anrichten. Mit den oberen Brötchenhälften bedecken.

TIPP

Miso ist eine japanische Paste aus fermentierten Sojabohnen, die man vielseitig zum Würzen einsetzen kann. Shiso, auch Sesamblatt oder Perilla, ist ein sehr aromatisches Würzkraut. Beides bekommt man in asiatischen Supermärkten. Anstatt Shiso kann man für den Burger ersatzweise Koriandergrün verwenden.

COFFEE TOFFEE CAKE
MIT ZIEGENFRISCHKÄSE & SALTY MACADAMIAS

Beim nächsten Kaffeeklatsch geht es mit diesem extraschokoladigen Koffeinkick-Kuchen rund. Die Kombi aus süß-klebrigem Toffee, cremigem Ziegenkäse und einer leichten Salznote durch die Macadamias ist genauso ungewöhnlich wie unwiderstehlich.

ZUTATEN FÜR EINE KASTENFORM (10 X 30 CM)
12 STÜCKE

ZUTATEN

300 g weiche Toffee-Bonbons
300 g dunkle Schokolade (70 % Kakaoanteil)
250 g Butter
250 ml Milch
4 EL Instant-Kaffeepulver
200 g Weizenmehl (Type 405)
100 g Speisestärke
30 g Backkakaopulver
1 gehäufter TL Backpulver
5 Eier
250 g Rohrzucker
300 g Ziegenfrischkäse
100 g Doppelrahmfrischkäse
100 g geröstete und gesalzene Macadamiakerne

AUSSERDEM

Kastenform, Backpapier

ZUBEREITUNG

Die Toffee-Bonbons in 0,5–1 cm große Würfel schneiden und zur späteren Verwendung beiseitestellen.

Die Schokolade grob hacken und zusammen mit der Butter, der Milch und dem Instant-Kaffeepulver in einen kleinen Topf geben. Alles erwärmen, bis die Schokolade und die Butter geschmolzen sind. Dabei gelegentlich umrühren. Alles lauwarm abkühlen lassen.

Den Ofen auf 160 °C (Umluft) vorheizen. Die Kastenform mit Backpapier auslegen. Das ist wichtig, da der Kuchen sonst wegen der Toffeewürfel in der Form kleben bleibt.

Das Mehl mit der Speisestärke, Backkakaopulver und Backpulver vermengen. Die Eier und den Zucker mit dem Handmixer für 1 Minute schaumig schlagen. Dann nach und nach die Mehlmischung unterrühren. Zum Schluss mit einem Löffel portionsweise 200 g Toffeewürfel unterheben. Die restlichen Toffeewürfel für die Garnitur aufbewahren. Den Teig in die Kuchenform geben und glatt streichen.

Den Kuchen auf der mittleren Schiene 1 Stunde und 10 Minuten backen. Vor dem Garnieren komplett auskühlen lassen.

Für die Garnierung den Ziegenfrischkäse mit dem Doppelrahmfrischkäse verrühren. Die Macadamiakerne grob hacken, dabei ein paar Nusskerne ganz lassen. Den Kuchen mit der Frischkäsecreme bestreichen und mit Macadamias und den übrigen Toffeewürfeln bestreuen.

SALZCRACKER-FUDGE

Dieses Fudge aus nur drei Zutaten ist eine kulinarische Ménage-à-trois auf der Zunge: Knusprige Cracker, herbsüße Schokolade und eine leichte Salznote machen aus ganz einfachen Dingen eine raffinierte Verführung.

ZUTATEN FÜR 25 STÜCK

ZUTATEN

150 g Salzcracker
500 g dunkle Schokolade (70 % Kakaoanteil)
400 g gezuckerte Kondensmilch

AUSSERDEM

Auflaufform (20 x 20 cm), Frischhaltefolie

ZUBEREITUNG

Die Salzcracker grob hacken und beiseitestellen. Die Auflaufform mit Frischhaltefolie auslegen. Die Schokolade grob zerkleinern und zusammen mit der Kondensmilch in einen kleinen Topf geben. Alles langsam erhitzen und dabei ab und zu umrühren, bis sich beide Zutaten miteinander verbunden haben.

120 g Salzcracker mit der Schokoladenmasse vermengen und in die Auflaufform geben. Alles glatt verstreichen und mit den restlichen Salzcrackern bestreuen. Die Salzcracker vorsichtig in die Schokoladenmasse drücken, damit sie später nicht herunterfallen. Das Fudge für mindestens 1 Stunde in den Kühlschrank stellen, bis es fest geworden ist.

Nach der Kühlzeit die Klarsichtfolie entfernen und das Fudge in 25 gleich große Würfel schneiden.

SALTY & FROZEN WODKA LEMON

Salzzitronen sind eine Würzzutat aus der marokkanischen Küche. Sie werden zur Verfeinerung von Tajines, Eintöpfen und vielen anderen Gerichten verwendet. Bei mir kommen sie allerdings in einen Cocktail. Der Salty & Frozen Wodka Lemon schmeckt herbsüß und hat eine subtile Salzigkeit.

ZUTATEN FÜR 1 GLAS

ZUTATEN

250 ml Bitter Lemon

2 TL eingelegte Salzzitronen, fein gehackt + einige feine Streifen zum Garnieren

50 ml Wodka

1 EL Zitronensaft, frisch gepresst

1 EL Salzzitronen-Flüssigkeit

einige frische Minzblättchen

AUSSERDEM

1–2 Eiswürfelformen, Standmixer

ZUBEREITUNG

Das Bitter Lemon in die Eiswürfelform füllen und gefrieren lassen. Den Wodka mit den Salzzitronen, dem Zitronensaft und der Salzzitronenflüssigkeit in einen Standmixer geben und mixen, bis die Zitronen fein zerkleinert sind. Dann die gefrorenen Bitter-Lemon-Eiswürfel in einen Standmixer geben und fein durchmixen.

Den Salty & Frozen Wodka Lemon in ein vorgekühltes Glas geben, mit Salzzitronenstreifen und Minzblättchen garnieren und sofort servieren.

VANILLE-FENCHEL-SALZ

Ein Salz mit eher sanften Tönen, das zu Gemüse wie Kürbis, Wurzelgemüse, Fenchel oder Tomaten passt. Oder man kombiniert es mit Fisch, Seafood oder hellem Fleisch.

ZUTATEN FÜR 1 MITTELGROSSES GLAS

ZUTATEN

2 Vanilleschoten
150 g grobes Meersalz
4 Beutel Fencheltee (insgesamt 6 g)

ZUBEREITUNG

Die Vanilleschoten längs aufschneiden und das Mark herauskratzen. Zusammen mit dem Salz und dem Inhalt der Teebeutel in einen Blitzhacker geben. Alles kurz durchmixen. Das Salz in ein luftdichtes Glas abfüllen.

CHORIZO-THYMIAN-SALZ

Mit diesem Salz gibt es garantiert kein Wurst-Case-Szenario auf dem Teller. Das Chorizo-Thymian-Salz passt toll zu hellem Fisch, Geflügel oder Seafood und schmeckt auch ganz einfach auf einer Butterstulle.

ZUTATEN FÜR
1 MITTELGROSSES GLAS

ZUTATEN

100 g Chorizo (zum Rohverzehr geeignet)

150 g grobes Meersalz

1 gehäufter EL frische Thymianblättchen, gewaschen

ZUBEREITUNG

Die Pelle von der Chorizo abziehen und die Chorizo in kleine Stücke schneiden. Zusammen mit dem Salz und den Thymianblättchen in einen Blitzhacker geben. Alles kurz durchmixen.

Das Salz in ein luftdichtes Glas abfüllen und im Kühlschrank aufbewahren. Das Salz ist so lange haltbar wie das Mindesthaltbarkeitsdatum der Wurst.

JALAPEÑO-LIMETTEN-SALZ

Fisch und Geflügel lieben dieses scharf-fruchtige Salz besonders. Es ist aber auch ein super Würzmittel für Guacamole oder Salsas. Oder es ersetzt das übliche Standard-Salz beim Tequila-Shots-Trinken.

ZUTATEN FÜR
1 MITTELGROSSES GLAS

ZUTATEN

1 gehäufter EL frische Jalapeño, entkernt und gehackt

Schalenabrieb von 2 unbehandelten Limetten

150 g grobes Meersalz

ZUBEREITUNG

Die Jalapeño mit dem Limettenschalenabrieb und Salz in einen Blitzhacker geben. Alles kurz durchmixen.

Das Salz in ein luftdichtes Glas abfüllen. Alternativ das Salz trocknen: dafür das Salz auf einem Backblech mit Backpapier verteilen und 2–3 Tage an der Luft trocknen.

ZUCKER

I WANT CANDY!

Das Leben ist ein echtes Zucker-schlecken, wenn man es sich mit Kuchen, Eiscreme und Desserts versüßt. Klebriger Sirup, cremiges Karamell, fluffige Marshmallows und zarter Puderzucker – hier gehe ich keine kulinarischen Kompromisse ein.

SWEET MEMORIES
SCHOKOKUSS-BRÖTCHEN DE LUXE

Schokokuss-Brötchen sind eine wunderbare Kindheitserinnerung. Die einfach belegte Schrippe gab es bei fast jedem Bäcker, Kiosk oder im Schwimmbad für ein paar Groschen. Ich habe die klebrige Leckerei ein wenig abgewandelt und aus dem Pausensnack ein De-luxe-Dessert kreiert.

ZUTATEN FÜR 2 STÜCK

ZUTATEN

FÜR DIE SCHOKOLADENSAUCE

200 g dunkle Schokolade (60 % Kakaoanteil)

200 g flüssige süße Sahne

1 Prise gemahlener Zimt

FÜR DIE KARAMELLCREME

150 g Zucker

200 g flüssige süße Sahne

2–3 Prisen Salz

FÜR DIE SCHOKOKUSSCREME

2 Eiweiß

1 Prise Salz

120 g Zucker

WEITERE ZUTATEN

4 dicke Scheiben Brioche oder Hefezopf

AUSSERDEM

Schlagkessel aus Edelstahl, Handrührgerät

ZUBEREITUNG

SCHOKOLADENSAUCE

Die Schokolade grob hacken und zusammen mit der Sahne und dem Zimt in einen kleinen Topf geben. Bei niedriger Hitze erwärmen und die Schokolade schmelzen, dabei immer wieder umrühren. Sobald eine gleichmäßige Sauce entstanden ist, vom Herd nehmen und auf Zimmertemperatur abkühlen lassen.

KARAMELLCREME

Den Zucker in eine Pfanne geben und goldbraun karamellisieren. Die Sahne und das Salz hinzugeben. Alles umrühren, bis eine gleichmäßige Creme entstanden ist. Die Sauce auf Zimmertemperatur abkühlen lassen.

SCHOKOKUSSCREME

Den Schlagkessel auf einen Topf mit kochendem Wasser setzen – er sollte das Wasser nicht berühren. Das Eiweiß und das Salz in den Schlagkessel geben und etwa 30 Sekunden mit einem Handmixer verquirlen. Dann nach und nach den Zucker mit dem Handmixer auf höchster Stufe einrühren. Das Eiweiß insgesamt 4–5 Minuten auf höchster Stufe schlagen. Wenn der ganze Zucker eingearbeitet ist, die Masse noch 3 Minuten weiterschlagen.

ANRICHTEN

Die Brioche toasten und jeweils eine Scheibe mit der Karamellcreme bestreichen. Dann die Schokokusscreme darauf verteilen und mit Schokoladensauce beträufeln. Eine weitere Brioche-Scheibe daraufsetzen.

TIPP Für die schnelle Variante einfach Marshmallowcreme aus dem Glas, fertige Schokoladensauce und Karamellcreme verwenden.

COCO CHOCO BANANA SPLIT

Das klassische Banana Split bekommt mit karamellisierten Bananen, Kaffirlimetten-Kokos-Eis und einer dunklen Ingwer-Schokoladen-Sauce ein Aromen-Upgrade. Das Eis wird übrigens supereasy selbst gemacht – ganz ohne Eismaschine.

ZUTATEN FÜR 4 PERSONEN

ZUTATEN

FÜR DAS KAFFIRLIMETTEN-KOKOS-EIS

250 ml Kokosmilch (19 % Fett)
100 g Zucker
10 Kaffirlimettenblätter (TK-Produkt, aus dem asiatischen Supermarkt)
300 g kalte flüssige süße Sahne

FÜR DIE INGWER-SCHOKOLADEN-SAUCE

200 g dunkle Schokolade (60 % Kakaoanteil)
100 ml Milch
70 g kandierter Ingwer

WEITERE ZUTATEN

4 mittelgroße reife Bananen
1 EL Rapsöl
20 g kandierter Ingwer
4 EL Kokos-Chips

ZUBEREITUNG

KAFFIRLIMETTEN-KOKOS-EIS

Für das Eis die Kokosmilch zusammen mit dem Zucker und den Kaffirlimettenblättern in einen Topf geben und erhitzen. Alles 10 Minuten bei niedriger Temperatur ziehen lassen. Die Kokosmilch auf Zimmertemperatur abkühlen lassen und dann für 1 Stunde in den Kühlschrank stellen.

Die Kaffirlimettenblätter aus der Kokosmilch nehmen. Die Sahne steif schlagen und nach und nach vorsichtig unter die Kokosmilch heben, bis eine gleichmäßige Masse entstanden ist. Die Kokosmilch-Sahne-Mischung in ein Metallgefäß geben und für mindestens 5–6 Stunden in den Tiefkühler stellen. Die Kühlzeit kann je nach Gefäß und Temperatur im Tiefkühlgerät variieren.

INGWER-SCHOKOLADEN-SAUCE

Für die Ingwer-Schokoladen-Sauce die Schokolade grob hacken und zusammen mit der Milch in einen kleinen Topf geben. Langsam erwärmen und dabei umrühren, bis eine gleichmäßige Sauce entstanden ist. Den Ingwer fein hacken und in die fertige Schokoladensauce rühren.

ANRICHTEN

Die Bananen längs halbieren. Das Öl in einer Pfanne erhitzen und die Bananen darin auf der Schnittseite bei mittlerer Temperatur 5 Minuten braten, bis sie leicht gebräunt sind. Je zwei Bananenhälften auf einem Teller anrichten, drei kleine Kugeln Eis daraufgeben und mit Schokoladensauce beträufeln. Das Banana Split mit Ingwer und Kokos-Chips garnieren und sofort servieren.

TIPP

Wenn keine Kaffirlimettenblätter zur Hand sind, kann man das Eis auch einfach mit Limettenschalenabrieb verfeinern.

BANOFFEE-BUCHTELN

In meinen fluffigen Buchteln versteckt sich eine süße Bananenfüllung mit Rum und Zimt. Darauf kommt ein Topping aus Karamellsauce, Schlagsahne und Bananenchips. Ich esse die Buchteln am liebsten, wenn sie noch warm sind. Aber auch am nächsten Tag schmecken sie noch super, wenn man sie kurz antoastet.

ZUTATEN FÜR 12 STÜCK

ZUTATEN

FÜR DIE BUCHTELN

600 g Weizenmehl (Type 405)
1 Päckchen Trockenhefe (7 g)
50 g Zucker
1 Päckchen Bourbon-Vanillezucker
125 g Butter + etwas zum Ausfetten der Form
250 ml Milch
1 Prise Salz
2 Eier

FÜR DIE BANANENFÜLLUNG

4 mittelgroße Bananen
4 EL brauner Rum
2 Prisen gemahlener Zimt
1 Prise Salz

FÜR DAS TOPPING

2 EL Zucker
400 g flüssige süße Sahne (300 g davon kalt)
50 g Bananenchips
1–2 EL Puderzucker

AUSSERDEM

Küchenmaschine oder Handrührgerät, Auflaufform (25 x 20 cm)

ZUBEREITUNG

BUCHTELN

Für die Buchteln das Mehl mit der Hefe, Zucker und Bourbon-Vanillezucker vermengen. Die Butter in einem kleinen Topf schmelzen und vom Herd nehmen. Die Milch und das Salz mit der Butter verrühren. Die Mehlmischung mit der Butter-Milch-Mischung und den Eiern in eine Rührschüssel geben. Alles mit dem Knethaken 7–8 Minuten kneten, bis ein elastischer Teig entstanden ist. Den Teig 1 Stunde an einem warmen Ort gehen lassen.

BANANENFÜLLUNG

Währenddessen für die Bananenfüllung die Bananen schälen und in kleine Stücke schneiden. Zusammen mit dem Rum, Zimt und Salz in einen kleinen Topf geben und 5 Minuten bei mittlerer Temperatur garen. Dabei ab und zu umrühren.

FORTSETZUNG BUCHTELN

Den Backofen auf 180 ºC (Umluft) vorheizen. Die Auflaufform mit Butter einfetten. Den Buchtelteig in zwölf gleich große Portionen aufteilen. Den Teig jeweils zu einem handtellergroßen Fladen formen und etwas Bananenfüllung in die Mitte geben. Den Teig um die Füllung herumklappen und verschließen. Die Füllung sollte komplett von Teig umschlossen sein. Die Buchteln nebeneinander mit der verschlossenen Öffnung nach unten in die Auflaufform legen und 20 Minuten auf der mittleren Schiene im Backofen goldgelb backen.

TOPPING

Währenddessen für das Topping die Karamellsauce zubereiten. Dafür den Zucker in eine Pfanne geben und karamellisieren. 100 g Sahne hinzufügen und alles 5 Minuten köcheln lassen. Dabei immer wieder umrühren. Die Sauce abkühlen lassen.

ANRICHTEN

Die Bananenchips grob hacken. Kurz vor dem Servieren die restliche kalte Sahne steif schlagen, die Buchteln mit Puderzucker bestauben und auf Tellern anrichten. Mit Karamellsauce beträufeln, mit Bananenchips bestreuen und die Sahne dazu reichen.

OPULENTER ZUPFKUCHEN MIT NUSSKARAMELL

Eigentlich kann man ja so einen klassischen Zupfkuchen kaum besser machen. Ich habe es trotzdem versucht. Dabei ist diese köstliche Variante mit reichhaltigem Nusskaramell entstanden – einfach unwiderstehlich, üppig und kompromisslos.

ZUTATEN FÜR EINEN KUCHEN (26 CM DURCHMESSER) | 12 STÜCKE

ZUTATEN

FÜR DAS NUSSKARAMELL

100 g Walnusskerne
100 g Haselnusskerne
100 g Mandelkerne
200 g flüssige süße Sahne
20 g Butter
50 g flüssiger Honig
1 Prise Salz
250 g Zucker

FÜR DEN MÜRBETEIG

450 g Weizenmehl (Type 405)
50 g Backkakaopulver
1 TL Backpulver
170 g Zucker
200 g weiche Butter + etwas zum Ausfetten der Backform
2 Eier

FÜR DIE QUARKFÜLLUNG

4 Eier
180 g Zucker
Mark von 1 Vanilleschote
1 Prise Salz
1 kg Quark (40 % Fett)
40 g Speisestärke
50 ml Milch

ZUBEREITUNG

NUSSKARAMELL

Für das Nusskaramell die Nüsse und Mandeln grob hacken und in einer Pfanne ohne Fett goldbraun anrösten. Dann in ein feines Sieb geben und schütteln, sodass feine Schalenreste herausgesiebt werden.

Sahne, Butter, Honig und Salz in einen kleinen Topf geben und erwärmen. So lange rühren, bis sich der Honig aufgelöst hat. Dann den Zucker in einer Pfanne schmelzen lassen und goldbraun karamellisieren. Die Sahnemischung zum Zucker geben und gut umrühren. So lange bei mittlerer Temperatur leicht köcheln lassen und rühren, bis das Karamell klümpchenfrei ist. Die Nüsse und Mandeln hinzugeben und alles gut verrühren. Die Masse lauwarm abkühlen lassen.

MÜRBETEIG

Für den Mürbeteig das Mehl mit dem Kakaopulver, Backpulver und Zucker in einer Schüssel vermengen. Die Butter in kleine Würfel schneiden und zusammen mit den Eiern hinzugeben. Alles mit den Händen zu einem glatten Teig verkneten.

QUARKFÜLLUNG

Für die Quarkfüllung Eier, Zucker, Vanillemark und Salz mit einem Schneebesen verrühren. Dann den Quark hinzufügen und alles vermengen. Die Stärke mit der Milch glatt rühren, zur Quarkmasse geben und alles gleichmäßig miteinander verrühren.

AUSSERDEM

Backpapier, Springform (26 cm Durchmesser)

WEITERE ZUBEREITUNG

Den Boden der Springform mit Backpapier auslegen und den Rand mit Butter einfetten. Den Mürbeteig in drei Portionen aufteilen. Eine Teigportion zu einem Kreis von 26 cm Durchmesser ausrollen. Mit einer weiteren Portion einen 5–6 cm hohen Rand formen – dafür einfach den Teig mit den Fingern am Springformrand andrücken.

Das Nusskaramell auf den Boden geben und gleichmäßig festdrücken. Den Boden für 15 Minuten in den Kühlschrank stellen, damit das Karamell fest wird und sich nicht mit der Quarkmasse vermischt. Kurz vor Ablauf der Kühlzeit den Ofen auf 180 °C (Umluft) vorheizen.

Die Quarkfüllung auf das Nusskaramell gießen. Aus dem restlichen Mürbeteig kleine Streusel zupfen und gleichmäßig auf der Quarkmasse verteilen.

Den Kuchen auf der mittleren Schiene 1 Stunde im Backofen backen. Im Ofen komplett abkühlen lassen. Dann den Kuchen mindestens 6 Stunden kalt stellen.

TIPP

Am besten schmeckt der Kuchen, wenn er eine Nacht im Kühlschrank verbracht hat. Zum Servieren sollte der Kuchen allerdings Zimmertemperatur haben. Also einfach einige Zeit vorher aus dem Kühlschrank holen.

PEANUTBUTTER CHOCOLATE CHEESECAKE

In diesem Cheesecake vereinen sich gleich zwei Glücklichmacher auf einem knusprigen Mürbeteig: Erdnussbutter und Schokolade. Um das Ganze noch verführerischer zu machen, kommt auf den Kuchen eine köstliche Ganache – eine Creme aus dunkler Schokolade, Sahne und Butter.

ZUTATEN FÜR EINEN KUCHEN (26 CM DURCHMESSER) | 12 STÜCKE

ZUTATEN

FÜR DEN MÜRBETEIG

280 g Weizenmehl (Type 405)
20 g Backkakaopulver
1 gestrichener TL Backpulver
100 g Zucker
150 g weiche Butter + etwas zum Ausfetten der Backform
1 Ei

FÜR DIE FÜLLUNG

300 g dunkle Schokolade (70 % Kakaoanteil)
5 Eier
200 g Zucker
1 Päckchen Bourbon-Vanillezucker
1 kg Frischkäse (40 % Fett)
50 g Speisestärke
50 ml Milch
200 g Erdnussbutter ohne Stückchen

ZUBEREITUNG

MÜRBETEIG

Für den Mürbeteig das Mehl mit dem Kakaopulver, Backpulver und Zucker in einer Schüssel vermengen. Die Butter in kleine Würfel schneiden und zusammen mit dem Ei hinzugeben. Alles mit den Händen zu einem glatten Teig verkneten.

FÜLLUNG

Für die Füllung die Schokolade grob hacken, in einer Metallschüssel über dem Wasserbad schmelzen und lauwarm abkühlen lassen.

Die Eier, Zucker und Vanillezucker mit einem Schneebesen verrühren. Dann den Frischkäse hinzufügen und alles vermengen. Die Stärke mit der Milch glatt verquirlen, zu der Frischkäsemasse geben und gleichmäßig unterrühren.

500 g von der Frischkäsemasse in eine separate Schüssel geben und mit der Erdnussbutter verrühren. Die restliche Frischkäsemasse mit der geschmolzenen Schokolade vermengen.

WEITERE ZUBEREITUNG

Den Ofen auf 180 °C (Umluft) vorheizen. Den Boden der Springform mit Backpapier auslegen und den Rand mit Butter einfetten.

Den Mürbeteig in zwei Portionen teilen. Eine Teigportion zu einem Kreis von 26 cm Durchmesser ausrollen. Mit der anderen Portion einen 5–6 cm hohen Rand formen – dafür einfach den Teig mit den Fingern am Springformrand andrücken.

Zuerst die Erdnussbutter-Frischkäse-Füllung, danach die Schokoladen-Frischkäse-Füllung auf den Mürbeteigboden gießen. Ein paar Mal mit einer Gabel die obere mit der unteren Schicht ganz leicht vermengen. Die zwei Schichten sollen aber erhalten bleiben.

Den Kuchen auf der mittleren Schiene 1 Stunde im Backofen backen. Komplett abkühlen lassen und mindestens 6 Stunden kalt stellen. Zum Servieren sollte der Kuchen allerdings Zimmertemperatur haben – also einige Zeit vorher aus dem Kühlschrank holen.

FÜR DAS TOPPING

200 g Zartbitterkuvertüre (60 % Kakaoanteil)

200 g flüssige süße Sahne

20 g Butter

100 g geröstete und gesalzene Erdnüsse

AUSSERDEM

Backpapier, Springform (26 cm Durchmesser)

TOPPING

Etwa 1 Stunde vor Ablauf der Kühlzeit das Topping zubereiten. Dafür die Schokolade zusammen mit der Sahne und Butter in einen Topf geben. Bei mittlerer Temperatur so lange erwärmen und umrühren, bis die Schokolade geschmolzen ist und eine cremige Masse entstanden ist. Die Schokoladen-Sahne gleichmäßig auf dem Kuchen verteilen und den Cheesecake für weitere 45 Minuten in den Kühlschrank stellen. Die Erdnüsse grob hacken und vor dem Servieren auf den Kuchen streuen.

FRENCH TOASTS
MIT MUSCOVADO-FEIGEN, WALNÜSSEN & RICOTTA

French Toast ist ja im Prinzip nichts anderes als Arme Ritter. Hier passt der englische Begriff aber besser, denn ich verwende statt altbackenem Brot französische Brioche – dadurch wird es besonders fluffig. Die Feigen werden mit einem Sirup aus dunklem Muscovado-Zucker beträufelt, der sehr intensiv und kräftig schmeckt.

ZUTATEN FÜR 4 PERSONEN

ZUTATEN

FÜR DAS TOPPING

100 g Walnusskerne
100 g Muscovado-Zucker
1 EL Rum
6 frische Feigen
500 g Ricotta

FÜR DAS FRENCH TOAST

4 Eier
200 ml Milch
8 EL Zucker
½ TL gemahlener Zimt
3–4 EL Butterschmalz
8 Scheiben Brioche, 2,5 cm dick geschnitten

ZUBEREITUNG

TOPPING

Die Walnusskerne grob hacken und in einer Pfanne ohne Fett bei mittlerer Temperatur anrösten, bis sie leicht gebräunt sind. Den Muscovado-Zucker mit 100 ml Wasser und dem Rum in einen kleinen Topf geben und erhitzen. 4–5 Minuten zu einem Sirup einköcheln lassen und dabei ab und zu umrühren. Die Feigen halbieren. Alles zur späteren Verwendung beiseitestellen.

FRENCH TOASTS

Die Eier mit der Milch und 6 EL Zucker verrühren. 2 EL Zucker mit dem Zimt vermengen und auf einen großen Teller geben.

2 EL Butterschmalz in einer Pfanne erhitzen. Eine Scheibe Brioche für etwa 5 Sekunden vollständig in die Eiermilch tauchen. Sofort in das heiße Butterschmalz geben. Mit den restlichen Brioche-Scheiben ebenso verfahren. Die French Toasts von beiden Seiten je 3 Minuten braten. Bei Bedarf zwischendurch weiteres Butterschmalz in die Pfanne geben. Die French Toasts nach dem Braten rundherum in der Zucker-Zimt-Mischung wälzen.

ANRICHTEN

Die French Toasts mit den Feigen und dem Ricotta auf einem Teller anrichten. Die Feigen mit Muscovado-Sirup beträufeln und alles mit den gehackten Walnusskernen bestreuen.

TIPP Anstatt mit Brioche schmecken die French Toasts auch mit Hefezopf.

CHAMPAGNER-TRÜFFEL-TARTE
MIT ERDBEEREN

Hier knallen die Korken schon vor der Party – denn in der cremigen Trüffelmasse steckt neben weißer Schokolade, Butter und Sahne ein ordentlicher Schuss Champagner. Die Tarte kommt übrigens nicht in den Ofen, sondern in den Kühlschrank.

ZUTATEN FÜR EINE TARTE
(28 CM DURCHMESSER)
12 STÜCKE

ZUTATEN

FÜR DEN BODEN

300 g Löffelbiskuits
200 g Butter

FÜR DIE FÜLLUNG

500 g weiße Kuvertüre
80 g Butter
100 g flüssige süße Sahne
100 ml Champagner
20 g gefriergetrocknete Erdbeerscheiben (gibt es z. B. als Kinder-Snack)

AUSSERDEM

Tarteform (28 cm Durchmesser), Frischhaltefolie

ZUBEREITUNG

BODEN

Für den Boden die Löffelbiskuits in einen Blitzhacker geben und fein zerkleinern. Die Butter schmelzen und mit den Biskuitbröseln vermengen. Die Tarteform mit Klarsichtfolie auslegen. Biskuit-Butter-Mischung auf dem Boden und am Rand verteilen und gut festdrücken. Der Rand sollte etwa 2 cm hoch sein. Den Boden für 30 Minuten in den Kühlschrank stellen.

FÜLLUNG

Während der Boden im Kühlschrank fest wird, die Füllung zubereiten. Dafür die Kuvertüre grob hacken. Zusammen mit der Butter, Sahne und Champagner in einen Topf geben und langsam erhitzen. Dabei alles gut mit einem Schneebesen rühren, bis sich die Schokolade aufgelöst und sich alles zu einer gleichmäßigen Masse verbunden hat. Die Erdbeeren in grobe Stücke hacken und unter die Schokoladenmasse rühren.

WEITERE ZUBEREITUNG

Die Schokoladenfüllung auf den abgekühlten Tarteboden gießen und die Tarte für mindestens 4 Stunden in den Kühlschrank stellen, bis die Schokoladenmasse fest geworden ist.

TIPP Die Tarte funktioniert auch mit anderen Schaumweinen, wie Sekt oder Prosecco. Man kann auch schal gewordenen Champagner verwenden.

KEKSE
SÜSSWAREN

FRANKFURTER-KRANZ-MILCHSHAKE

Warum soll ich mich für einen Detox-Drink entscheiden, wenn ich Kuchen-Smoothie haben kann?! Inspiriert vom bekannten Tortenklassiker ist der Frankfurter-Kranz-Milchshake genauso cremig und gehaltvoll wie seine Vorlage.

ZUTATEN FÜR 4 PERSONEN
4 GROSSE GLÄSER

ZUTATEN

- 600 g kalte flüssige süße Sahne
- 6 Kugeln Vanilleeis (etwa 300 g)
- 300 ml kalte Milch
- 8 EL Kirsch-Fruchtaufstrich ohne Stücke
- 4 EL Haselnusskrokant
- 4 Cocktailkirschen

ZUBEREITUNG

Die Sahne steif schlagen. Das Vanilleeis mit der Milch in einen Standmixer geben und einmal kurz durchmixen. Die Hälfte der Schlagsahne vorsichtig mit einem Schneebesen unter den Shake rühren. Den Kirsch-Fruchtaufstrich zum Shake geben und nur leicht mit einer Gabel einrühren – er sollte noch gut sichtbar sein.

Den Shake in vorgekühlte Gläser füllen. Die restliche Schlagsahne auf den Shake geben und mit Haselnusskrokant bestreuen. Den Shake mit einer Cocktailkirsche garnieren und sofort servieren. (Der Shake ist auf Seite 35 und auf dem Cover zu sehen.)

TIPP Ein guter Schuss Rum, Amaretto oder Whisky macht den Shake partytauglich.

CHOCOLATE COOKIE PANCAKES

MIT VANILLEEIS & SCHOKOSAUCE

Schokoladen-Keksstückchen in den Pancakes, cremiges Vanilleeis und selbst gemachte Schokosauce machen dieses Frühstück zu einem üppigen Zuckerschock-Erlebnis, das keine Wünsche offenlässt. Für den Extracrunch streue ich noch ein paar Cookie Crumbles obendrauf.

ZUTATEN FÜR 4 PERSONEN (ETWA 20 STÜCK)

ZUTATEN

FÜR DIE SCHOKOSAUCE

200 g dunkle Schokolade (70 % Kakaoanteil)

200 g flüssige süße Sahne

FÜR DIE PANCAKES

300 g Weizenmehl (Type 405)

½ Päckchen Backpulver (7 g)

200 g Chocolate Chip Cookies

4 Eier

350 ml Milch

150 g Zucker

1 Päckchen Bourbon-Vanillezucker

2 Prisen Salz

3–4 EL Butterschmalz

WEITERE ZUTATEN

12 kleine Kugeln Vanilleeis

ZUBEREITUNG

SCHOKOSAUCE

Für die Schokosauce die Schokolade grob hacken und zusammen mit der Sahne in einen kleinen Topf geben. Bei niedriger Hitze erwärmen und die Schokolade schmelzen, dabei regelmäßig umrühren. Sobald eine gleichmäßige Sauce entstanden ist, vom Herd nehmen und auf Zimmertemperatur abkühlen lassen.

PANCAKES

Für die Pancakes das Mehl in einer Schüssel mit dem Backpulver mischen. Die Cookies grob hacken. 50 g Cookie-Stückchen für die Garnitur beiseitestellen. Die Eier trennen.

Die Milch in einer Schüssel mit dem Eigelb, Zucker, Vanillezucker und 1 Prise Salz mit einem Handmixer gut verrühren. Dann nach und nach das Mehl hinzugeben. So lange rühren, bis eine gleichmäßige Masse entstanden ist. Das Eiweiß mit 1 Prise Salz steif schlagen. Zuerst 1/3 des Eischnees unter die Teigmasse heben und vorsichtig unterrühren. Dann den restlichen Eischnee unterheben, bis alles gleichmäßig vermengt ist. Nun die gehackten Cookies behutsam unterrühren.

1 EL Butterschmalz in einer Pfanne erhitzen. Für einen Pancake 2 EL Teigmasse in die Pfanne geben. Von einer Seite bei mittlerer Temperatur 2–3 Minuten backen, dann wenden und weitere 2–3 Minuten auf der anderen Seite backen. Der Pancake sollte leicht gebräunt sein. Insgesamt 20 Pfannkuchen auf diese Weise herstellen, dabei zwischen den Bratvorgängen weiteres Butterschmalz in die Pfanne geben.

Je fünf Pancakes auf einem Teller stapeln, drei Eiskugeln daraufgeben und die Stapel mit den restlichen Cookie-Stückchen und der Schokoladensauce garnieren.

TIPP

Zur Weihnachtszeit schmecken die Pancakes anstatt mit Schoko-Cookies auch toll mit Spekulatius-Keksen und Preiselbeersauce.

HOCH-
PROZENTIGES

GENUSS MIT UMDREHUNGEN

Beim Kochen darf man ruhig zur Flasche greifen. Ob Wein, Bier, Gin, Rum oder auch Wodka – ich bediene mich gerne an meiner Hausbar, um für feuchtfröhliche Stimmung im Kochtopf zu sorgen und Saucen, Marinaden, Suppen oder Desserts das gewisse Etwas zu verleihen.

BESCHWIPSTE SPARERIBS
MIT AMARETTO & APRIKOSEN

Diese Spareribs sind herrlich saftig und es macht besonders viel Spaß, sie mit den Händen zu essen. Daher sollte man unbedingt genügend Servietten bereithalten. Die fruchtig-süße und würzige Kombination von Schweinefleisch, Aprikosen und Amaretto ist übrigens saugut!

ZUTATEN FÜR 4 PERSONEN

ZUTATEN

400 g Aprikosen
1 kleine Zwiebel (etwa 50 g)
150 g Aprikosenkonfitüre
25 g frischer Ingwer, grob gerieben
250 ml Amaretto
50 ml Olivenöl
2 Prisen Chiliflocken
1,8–2 kg Spareribs am Stück, St. Louis Cut
400 ml naturtrüber Apfelsaft
5–6 Zweige Thymian + etwas zum Garnieren
Salz
frisch gemahlener schwarzer Pfeffer

AUSSERDEM

Alufolie, Standmixer

ZUBEREITUNG

Die Aprikosen waschen, entsteinen und in kleine Stücke schneiden. Die Zwiebel abziehen und grob würfeln. Die Aprikosen mit den Zwiebeln, Aprikosenkonfitüre, Ingwer, 150 ml Amaretto, Olivenöl und Chiliflocken in einen Standmixer geben und fein zerkleinern.

Die Spareribs in eine Form aus Glas oder Porzellan legen und rundherum mit der Aprikosenmarinade bedecken. Die Form entweder mit einem Deckel oder Frischhaltefolie verschließen. Die Spareribs über Nacht bzw. 12 Stunden im Kühlschrank marinieren.

Am nächsten Tag den Ofen auf 150 °C (Umluft) vorheizen. Die Marinade von den Spareribs schaben und aufbewahren. Die Marinade und die Spareribs leicht salzen und pfeffern, dann die Spareribs in eine Auflaufform legen. Den Apfelsaft mit dem restlichen Amaretto vermengen und zu den Spareribs gießen. Die Thymianzweige waschen, trockenschütteln und rundherum verteilen. Die Marinade auf den Spareribs verstreichen. Die Auflaufform dicht mit Alufolie abdecken.

Die Spareribs auf der mittleren Schiene 2 Stunden im Ofen garen. Dann die Temperatur im Ofen auf 200 °C erhöhen, die Alufolie von der Form entfernen und die Spareribs offen auf der mittleren Schiene weitere 45 Minuten im Ofen garen. Sollte sich keine Flüssigkeit mehr in der Form befinden, einfach etwas Wasser nachgießen. Zum Schluss die Spareribs 5 Minuten unter dem Backofengrill grillen.

Die Spareribs vor dem Servieren mit frischen Thymianblättchen garnieren und die einzelnen Rippensegmente mit einem Messer zerteilen.

TIPP

St. Louis ist ein spezieller US-amerikanischer Cut für Spareribs – so geschnitten sind sie besonders fleischig und saftig. Man bekommt sie bei gut sortierten Metzgereien.

PARTY PICKLES
GIN-TONIC-GEWÜRZGURKEN

Die Party Pickles sorgen für Stimmung auf der nächsten Party! Denn wenn knackige Gurken ein langes, entspanntes Bad in spritzigem Gin Tonic nehmen, kann das nur gut schmecken.

ZUTATEN FÜR 3–4 MITTELGROSSE GLÄSER

ZUTATEN

1 kg kleine bis mittelgroße Einlegegurken
100 g Salz
2 kleine rote Zwiebeln (etwa 100 g)
8 Lorbeerblätter
5–6 Stängel Einmachdill
400 ml Tafelessig (5 % Säure)
150 ml Gin
300 ml Tonic Water
150 g Zucker
2 EL Wacholderbeeren
2 EL Pimentkörner
4 EL Senfkörner

AUSSERDEM

3–4 sterilisierte Einmachgläser

ZUBEREITUNG

Die Gurken waschen und in eine große Schüssel legen. 2 EL Salz hinzugeben und die Schüssel mit Wasser auffüllen, bis die Gurken gut bedeckt sind. Abgedeckt über Nacht ziehen lassen.

Am nächsten Tag die Gurken abgießen. Die Zwiebeln abziehen und in schmale Spalten schneiden. Die Gurken, Zwiebelspalten, Lorbeerblätter und Dill gleichmäßig verteilt in die Gläser füllen. Die Gläser sollten so befüllt werden, dass die Gurken eng aneinanderliegen und möglichst wenig Zwischenräume vorhanden sind.

Für den Sud den Essig, Gin, Tonic Water, Zucker, restliches Salz, Wacholderbeeren, Pimentkörner und Senfkörner mit 200 ml Wasser in einen Topf geben. Alles einmal aufkochen und dann 2–3 Minuten bei mittlerer Temperatur köcheln lassen. Den Gewürzsud über die Gurken gießen, bis diese vollständig bedeckt sind. Die Gläser sofort verschließen.

Die Gurken müssen noch 1 Woche ziehen, bevor sie verzehrfertig sind. An einem dunklen und kühlen Ort gelagert sind die Gin-Tonic-Gurken mehrere Monate haltbar. Nach dem Öffnen im Kühlschrank aufbewahren.

PANCETTA-GRAPPA

Ob als kleines Schnäpschen nach dem Essen, in der Bloody Mary beim Brunch oder als Party-Drink – der mit Pancetta und Rosmarin aromatisierte Grappa ist ein Specktakel im Glas.

ZUTATEN FÜR 500 ML

ZUTATEN

70 g Pancetta, etwa 1 mm dünn geschnitten

2–3 Zweige frischer Rosmarin

1 Lorbeerblatt (bevorzugt frisch)

500 ml Grappa

AUSSERDEM

Glasgefäß mit Deckel, 3–4 Kaffeefilter

Glasflasche mit Schraubverschluss (500 ml)

ZUBEREITUNG

Den Pancetta 3 Minuten bei mittlerer Temperatur in einer Pfanne ohne Zugabe von Fett anbraten. Dann den Rosmarin und das Lorbeerblatt hinzugeben und 1 Minute weiterbraten. Alles in ein Glasgefäß geben und mit dem Grappa übergießen. Das Gefäß mit einem Deckel verschließen und den Grappa 1 Woche im Kühlschrank ziehen lassen.

Nach 1 Woche den Grappa durch einen Kaffeefilter gießen. Den Vorgang wiederholen, bis die Flüssigkeit klar ist. Den Grappa in eine saubere Flasche füllen und an einem dunklen Ort aufbewahren.

KOKETTER COQ AU PROSECCO

Save water – cook with prosecco! Statt in Rotwein badet mein Hähnchen in ordentlich Blubberbrause. Unverändert bleiben die klassischen Zutaten wie Schalotten, Champignons und Speck. Ein Topf voll Glückseligkeit!

ZUTATEN FÜR 6 PERSONEN

ZUTATEN

- 4–5 Knoblauchzehen
- 3 Zweige frischer Rosmarin + etwas zum Garnieren
- 10 Zweige frischer Thymian
- 750 ml Prosecco
- je 10 Wacholderbeeren und Pimentkörner
- 1 TL schwarze Pfefferkörner
- 3 Lorbeerblätter (bevorzugt frisch)
- 3 frische Salbeiblätter
- 2 Streifen Schale von einer unbehandelten Zitrone
- 1,5 kg Hähnchenkeulen (6 Stück)
- 300 g Lauch
- 300 g Knollensellerie
- 5 mittelgroße Karotten (etwa 300 g)
- 1 mittelgroße Zwiebel (etwa 70 g)
- 7 EL Rapsöl
- 1 EL Puderzucker
- 800 ml Geflügelfond

ZUBEREITUNG

Die Knoblauchzehen abziehen und halbieren. Die Rosmarinzweige waschen, trockentupfen, grob zerteilen und etwas durchkneten, damit die ätherischen Öle austreten. Den Thymian ebenfalls waschen, trockentupfen und in einer Schüssel, die nicht aus Metall sein darf, mit Knoblauch, Prosecco, Gewürzen, Kräutern und Zitronenschale zu einer Marinade vermengen.

Die Hähnchenschenkel in die Marinade legen, sodass sie von allen Seiten mit Flüssigkeit umgeben sind. Die Schüssel abdecken und 12 Stunden in den Kühlschrank stellen.

Den Lauch waschen und putzen. Sellerie und Karotten ebenfalls putzen und schälen. Die Zwiebel abziehen. Eine Karotte zur späteren Verwendung beiseitelegen. Alles andere grob klein schneiden.

Die Hähnchenschenkel aus der Marinade nehmen, mit einem Küchenpapier trockentupfen und rundherum salzen. Die Marinade aufbewahren. In einem Bräter, am besten aus Gusseisen, 3 EL Rapsöl erhitzen und darin die Hähnchenschenkel von allen Seiten scharf anbraten, bis sie gut gebräunt sind. Die Schenkel aus dem Bräter nehmen. 3 weitere EL Öl hineingeben und das gewürfelte Gemüse 1–2 Minuten darin braten. Den Puderzucker über das Gemüse streuen, umrühren und 1 Minute karamellisieren. Mit der Marinade ablöschen und dann den Geflügelfond und Petersilie hinzugeben. Die Hähnchenschenkel zurück in den Bräter legen, den Deckel aufsetzen und einen kleinen Spalt offen lassen. Bei mittlerer Temperatur ganz leicht 45 Minuten köcheln lassen.

Währenddessen die Schalotten abziehen und halbieren. Die Champignons trockenputzen und je nach Größe halbieren oder vierteln. Die Karotte in 1 cm dicke schräge Scheiben schneiden.

In einer Pfanne die Speckwürfel in 1 EL Rapsöl bei mittlerer Temperatur 3 Minuten knusprig anbraten. Die Schalotten und Karottenscheiben hinzugeben und 2 Minuten mitbraten. Die Champignons in die Pfanne geben und ebenfalls 1 Minute mitbraten. Alles leicht salzen und pfeffern. Die Pfanne vom Herd nehmen und beiseitestellen.

2–3 Stängel frische glatte Petersilie, gewaschen
200 g Schalotten
200 g braune Champignons
100 g durchwachsener Speck, fein gewürfelt
Salz
frisch gemahlener schwarzer Pfeffer
2 EL Speisestärke

AUSSERDEM
Küchenpapier, Bräter

Die Hähnchenschenkel aus dem Bräter nehmen. Die Sauce durch ein Sieb gießen und zurück in den Topf geben. Die Stärke mit 4 EL Wasser glatt quirlen, unter die Sauce rühren und kurz aufkochen lassen. Sollte die Sauce nicht sämig genug sein, noch etwas Wasser-Stärke-Mischung hinzugeben. Hähnchen und Speck-Champignon-Zwiebel-Mischung zurück in den Bräter geben und alles 15 Minuten bei geringer Temperatur sanft köcheln lassen.

Den Coq au Prosecco auf Tellern anrichten, mit Rosmarin garnieren und mit Baguette oder Ciabatta servieren. Gut dazu passt auch das Aligot mit Rotwein-Schalotten von Seite 98.

SHEPHERD'S PIE
MIT CRAFTBEER-PILZ-RAGOUT UND KÜRBIS-KARTOFFEL-HAUBE

Unter einer cremigen Haube aus Kürbis- und Kartoffelpüree verbirgt sich ein kräftiges Ragout aus gemischten Pilzen und dunklem Craftbeer, das die übliche Schicht aus Hackfleisch ersetzt. Wer das Fleisch trotz würziger Sauce vermisst, serviert einfach ein Steak oder Kotelett zum Shepherd's Pie.

ZUTATEN FÜR 6 PERSONEN

ZUTATEN

FÜR DIE KÜRBIS-KARTOFFEL-HAUBE

700 g mehligkochende Kartoffeln

1,2 kg Hokkaidokürbis

150 ml Milch

2 Msp. Muskatnuss, frisch gerieben

2 EL Butter

FÜR DAS CRAFTBEER-PILZ-RAGOUT

1,2 kg gemischte Pilze, z. B. Champignons, Pfifferlinge, Kräuterseitlinge, Shiitake

2 große Zwiebeln (etwa 200 g)

2–3 Knoblauchzehen

2 EL Rapsöl

1 EL brauner Zucker

330 ml dunkles, kräftiges Craftbeer

250 ml Gemüsefond

1 Lorbeerblatt (bevorzugt frisch)

2 EL Speisestärke

1 TL grobkörniger Dijonsenf

2 TL Worcestersauce

1 TL frischer Thymian, gewaschen und gehackt

1 TL frischer Rosmarin, gewaschen und gehackt

1 EL Butter

AUSSERDEM

Stabmixer, Auflaufform (ca. 20 x 30 cm)

ZUBEREITUNG

KÜRBIS-KARTOFFEL-HAUBE

Für das Püree die Kartoffeln schälen. Den Kürbis halbieren und mit einem Löffel die Kerne herauskratzen – insgesamt wird 1 kg küchenfertiges Fruchtfleisch benötigt. Kartoffeln und Kürbis in 2–3 cm große Würfel schneiden. Die Kartoffeln und den Kürbis in jeweils einen Topf mit Salzwasser geben und in 15–20 Minuten weich kochen. Beides abgießen und auf dem Herd ausdampfen lassen.

Die Kartoffelwürfel mit einer Kartoffelpresse oder einem Kartoffelstampfer fein zerkleinern. Den Kürbis mit einem Stabmixer pürieren. Alles mit Milch, Muskatnuss und 1 EL Butter zu einem geschmeidigen Püree vermengen.

CRAFTBEER-PILZ-RAGOUT

Für das Pilzragout die Pilze trockenputzen und in mundgerechte Stücke schneiden. Die Zwiebeln abziehen und fein würfeln. Den Knoblauch abziehen und in feine Scheiben schneiden. Die Pilze in zwei bis drei Portionen in einer Pfanne ohne Fett für 5–6 Minuten bei hoher Hitze anbraten, bis sie leicht gebräunt sind. Die gebratenen Pilze beiseitestellen.

Das Öl in einer Pfanne erhitzen und darin die Zwiebeln etwa 3–4 Minuten bei mittlerer Temperatur leicht anbraten. Den Knoblauch hinzugeben und 1 Minute mitbraten. Den Zucker darüberstreuen und 1 Minute karamellisieren. Alles mit dem Craftbeer ablöschen. Anschließend den Fond angießen und das Lorbeerblatt hinzugeben. 15 Minuten leicht köcheln lassen.

Den Ofen auf 200 °C (Ober- und Unterhitze) vorheizen. Die Speisestärke mit 3 EL kaltem Wasser oder Fond glatt rühren und in die Sauce geben. Einmal aufkochen lassen und dabei umrühren. Zuerst den Senf und Worcestersauce in die Sauce rühren und dann die Pilze, Thymian, Rosmarin und Butter untermengen.

Zum Backen das Pilzragout in eine Auflaufform geben. Das Püree gleichmäßig darauf verteilen. Die restliche Butter in Flöckchen auf der Kürbis-Kartoffel-Haube verteilen. Den Shepherd's Pie im Ofen auf der mittleren Schiene 45 Minuten goldgelb backen.

BLOODY COLD MARY GRANITA

Gegen den Hangover hilft angeblich eine Bloody Mary. Wer sich zusätzlich den Eisbeutel auf der Stirn ersparen möchte, bereitet sich am besten schon am Vorabend der Party diese erfrischende Granita zu.

ZUTATEN FÜR 4 PERSONEN

ZUTATEN

700 ml Tomatensaft
100 ml Wodka
2 EL Worcestersauce
ein paar Spritzer Tabasco nach Geschmack
Salz
frisch gemahlener schwarzer Pfeffer

AUSSERDEM

Eismaschine/Gefrierfach, Stabmixer

ZUBEREITUNG

Tomatensaft, Wodka und Worcestersauce in eine Schüssel geben und miteinander verrühren. Mit Tabasco, Salz und Pfeffer abschmecken.

Die Flüssigkeit in eine Eismaschine geben und für 30–40 Minuten gefrieren lassen. Alternativ in eine Metallschüssel füllen und ins Gefrierfach stellen. Dann alle 30 Minuten mit einem Schneebesen gut umrühren, bis die Granita fest geworden ist. Je nach Temperatur im Gefrierfach dauert das 4–6 Stunden. Vor dem Servieren noch einmal mit dem Stabmixer durchpürieren.

TIPP

Der sogenannte Konterdrink ist nicht wirklich empfehlenswert, um gegen einen Kater vorzugehen. Besser helfen frische Luft, viel Wasser trinken und typisches Anti-Hangover-Food wie Eier, saure Gurken, Brühe oder Käse.

RUMKUGELN
CHILI-MEATBALLS MIT COLA-RUM-GLASUR

In meiner Küche darf man gerne fröhlich rumkugeln, vor allem, wenn es diese leckeren Rumkugeln gibt. Zugegeben hört sich die Cola-Rum-Glasur kulinarisch erst mal etwas gewagt an – aber es schmeckt hervorragend!

ZUTATEN FÜR 20 STÜCK

ZUTATEN

1 mittelgroße rote Zwiebel (etwa 70 g)
3 EL Rapsöl
500 g Rinderhackfleisch
1 Ei
50 g Semmelbrösel
1 gestrichener TL Chiliflocken
2 TL frischer Ingwer, fein gerieben
Salz
frisch gemahlener schwarzer Pfeffer
330 ml Cola
100 ml brauner Rum
200 ml Rinderfond
2 TL Sojasauce
1–2 Spritzer Limettensaft
2 TL Speisestärke
Chiliflocken für die Garnierung

ZUBEREITUNG

Die Zwiebel abziehen und in feine Würfel schneiden. 1 EL Rapsöl in einer Pfanne erhitzen und die Zwiebel darin 1–2 Minuten glasig anschwitzen. Lauwarm abkühlen lassen und zusammen mit dem Hackfleisch, Ei, Semmelbröseln, Chili und Ingwer in eine Schüssel geben. Mit Salz und Pfeffer abschmecken. Alles gut mit den Händen verkneten und aus der Masse 20 etwa golfballgroße Hackbällchen formen.

Cola, Rum und Rinderfond in einen großen Topf geben und die Flüssigkeit zum Sieden bringen. Mit 1 Prise Salz abschmecken. Die Hackbällchen vorsichtig in den Sud geben und 10 Minuten bei mittlerer Temperatur ziehen lassen. Herausnehmen und beiseitestellen. Den Sud durch ein feines Sieb gießen und zurück in den Topf geben, dann Sojasauce und Limettensaft einrühren. Den Sud aufkochen und bei hoher Temperatur 15 Minuten einkochen.

Währenddessen das restliche Öl in einer Pfanne erhitzen und darin die Fleischbällchen 5 Minuten rundherum anbraten.

Die Stärke mit 2 EL Wasser klümpchenfrei verquirlen und mit einem Schneebesen unter die Cola-Rum-Sauce rühren. Die Sauce noch einmal aufkochen, dann über die Hackbällchen geben und alles vermengen.

Vor dem Servieren mit Chiliflocken bestreuen.

DARK CHOCOLATE BROWNIES
MIT APEROL-ROTE-BETE-TOPPING

Diese saftigen Brownies mit extraviel Schokolade werden mit einem raffinierten Rote-Bete-Topping verfeinert, das durch einen großzügigen Schuss Aperol eine feinherbe Bitternote beisteuert.

ZUTATEN FÜR 12 STÜCK

ZUTATEN

FÜR DIE BROWNIES

250 g dunkle Schokolade (70 % Kakaoanteil)
250 g Butter
250 ml Milch
Schalenabrieb von 1 unbehandelten Orange
300 g Weizenmehl (Type 405)
50 g Backkakaopulver
1 gehäufter TL Backpulver
5 Eier
300 g Rohrzucker

FÜR DAS TOPPING

500 g frische Rote Bete
100 ml Aperol oder ähnlicher Bitter-Likör
100 ml Orangensaft
100 g Zucker

AUSSERDEM

Auflauf- oder Backform (etwa 25 x 30 cm), Backpapier, Einweg-Handschuhe

ZUBEREITUNG

BROWNIES

Für die Brownies die Schokolade grob hacken und zusammen mit der Butter, der Milch und dem Orangenschalenabrieb in einen kleinen Topf geben. Alles erwärmen, bis die Schokolade und die Butter geschmolzen sind. Dabei gelegentlich umrühren. Die Mischung lauwarm abkühlen lassen.

Den Ofen auf 160 °C (Umluft) vorheizen. Die Auflaufform mit Backpapier auslegen. Das Mehl mit dem Backkakao und Backpulver vermengen. Die Eier und den Zucker mit dem Handmixer 1 Minute schaumig schlagen. Dann nach und nach die Mehlmischung unterrühren. Zum Schluss die Butter-Schokoladen-Milch-Mischung hinzufügen und untermixen, bis eine gleichmäßige Teigmasse entstanden ist. Diese Masse in die Auflaufform geben und glatt streichen. Die Brownies auf der mittleren Schiene 1 Stunde 10 Minuten im Backofen backen.

TOPPING

Während die Brownies backen, das Topping zubereiten. Dafür die Rote Bete schälen und in 1 mm dünne Scheiben schneiden (dabei am besten Handschuhe tragen, da Rote Bete stark färbt). Den Aperol zusammen mit dem Orangensaft und Zucker in einen kleinen Topf geben und unter Rühren bei mittlerer Temperatur kurz köcheln lassen, bis sich der Zucker aufgelöst hat. Die Rote Bete in die Flüssigkeit geben und 5 Minuten bei mittlerer Temperatur köcheln lassen. Dabei ab und zu umrühren. Alles durchziehen lassen, bis der Kuchen fertig gebacken ist.

Den fertigen Kuchen in zwölf Stücke schneiden und das Rote-Bete-Topping daraufgeben.

HOT & DIRTY MARTINI

Jetzt wird's richtig dirty – und heiß dazu. Der bekannte Martini-Cocktail wird in meiner Version anstatt mit Oliven-Lake und Oliven mit eingelegten Jalapeño-Schoten verfeinert. Ein echt scharfer Rachenputzer!

ZUTATEN FÜR 2 PERSONEN
2 GLÄSER

ZUTATEN

100 ml Gin

50 ml trockener Wermut

50 ml Lake von eingelegten Jalapeño-Schoten (Salz-Essig-Lake)

15–20 Eiswürfel

1 EL eingelegte Jalapeño-Schoten in Scheiben

AUSSERDEM

2 Martini-Gläser

ZUBEREITUNG

Alle Zutaten in einen Cocktail-Shaker mit reichlich Eis geben und gut durchschütteln.
Den Cocktail durch ein Barsieb in vorgekühlte Gläser gießen und Jalapeño-Schoten hineingeben.

TIPP

Wer keinen Cocktail-Shaker und kein Barsieb zur Hand hat, nimmt einfach ein großes Marmeladen- oder Einweckglas, das dicht schließt, und ein feines Küchensieb.

CREAMY WHISKEY PASTA
MIT STEAK & HASELNUSS-THYMIAN-CRUNCH

Dass Whiskey und Sahne gut zusammenpassen, kennt man ja vom beliebten Likör. Das Duo versteht sich aber auch gut mit Pasta in einer cremigen Sauce mit Schalotten und Parmesan. Ein saftiges Steak und ein knuspriger Crunch aus Haselnüssen machen das Glück auf dem Teller perfekt.

ZUTATEN FÜR 4 PERSONEN

ZUTATEN

FÜR DAS STEAK

- 4 Rinder-Hüftsteaks (à ca. 220–250 g, 3 cm dick)
- Salz
- 4 EL Butterschmalz
- 4 Knoblauchzehen
- 2 Zweige frischer Rosmarin
- 4 EL Butter

FÜR DIE PASTA

- 12 mittelgroße Schalotten (etwa 300 g)
- 3 Knoblauchzehen
- 1 EL Rapsöl
- 2 EL brauner Zucker
- 150 ml Bourbon Whiskey
- 200 ml Rinderfond
- 400 g Pasta nach Wahl, z. B. Tagliatelle
- 200 g Crème fraîche
- 200 g flüssige süße Sahne
- 80 g Parmesan, frisch gerieben
- Salz
- frisch gemahlener schwarzer Pfeffer

ZUBEREITUNG

STEAKS

Die Steaks 1 Stunde vor dem Braten aus dem Kühlschrank nehmen, damit sie Zimmertemperatur annehmen. Den Backofen auf 80 °C vorheizen. Ein Blech auf die unterste Stufe des Backofens schieben. Das Fleisch trockentupfen und rundherum salzen.

Eine große gusseiserne Pfanne sehr heiß werden lassen. 2 EL Butterschmalz hineingeben und schmelzen lassen. Wenn das Butterschmalz heiß ist, zwei Steaks in die Pfanne legen und von einer Seite scharf anbraten. Nach 1–2 Minuten wenden – es sollte gut gebräunt sein. Die Steaks auf ein Ofengitter legen. Die restlichen Steaks ebenso zubereiten, auf das Ofengitter legen und im Ofen 35–40 Minuten garen – dann sind die Steaks medium. Für medium rare nach 25–30 Minuten aus dem Ofen nehmen.

Die Knoblauchzehen mit dem Handballen oder Messerrücken andrücken. Den Rosmarin waschen und trockenschütteln. Die Butter, Rosmarin und Knoblauchzehen in die Pfanne geben und die Butter schmelzen. Die Steaks von beiden Seiten pfeffern und jeweils 1 Minute bei mittlerer Temperatur in der Pfanne braten. Dabei immer wieder mit Butter aus der Pfanne begießen.

PASTA

Für die Pastasauce die Schalotten abziehen und je nach Größe halbieren oder vierteln. Die Knoblauchzehen mit dem Handballen leicht andrücken. Das Rapsöl in einer Pfanne erhitzen und darin die Schalotten und Knoblauchzehen 5 Minuten bei mittlerer Temperatur anschwitzen. Den Zucker darüberstreuen und 1 Minute karamellisieren. Alles mit Whiskey ablöschen und einmal aufkochen. Den Rinderfond hinzugeben und die Sauce 10 Minuten bei mittlerer Temperatur einköcheln lassen. Während der Saucenzubereitung die Pasta nach Packungsanweisung in reichlich Salzwasser bissfest garen.

FÜR DEN HASELNUSS-THYMIAN-CRUNCH

80 g Haselnusskerne

50 g Butter

40 g Pankobrösel (aus dem asiatischen Supermarkt)

1 gehäufter EL frische Thymianblättchen, gewaschen und gehackt

1 TL Schalenabrieb von einer unbehandelten Orange

Salz

frisch gemahlener schwarzer Pfeffer

AUSSERDEM

große (bevorzugt gusseiserne) Pfanne, Backblech, Ofengitter

HASELNUSS-THYMIAN-CRUNCH

Die Haselnusskerne grob hacken und in einer Pfanne ohne Fett bei mittlerer Temperatur 5 Minuten anrösten. Die Nüsse herausnehmen, dafür die Butter in die Pfanne geben und bei mittlerer Temperatur schmelzen lassen. Wenn die Butter anfängt braun zu werden, die Pankobrösel hinzugeben und goldgelb anrösten. Thymian, Orangenschalenabrieb sowie Haselnüsse unterrühren und Herdplatte ausstellen. Mit Salz und Pfeffer abschmecken. Den Crunch bis zum Servieren in der Pfanne lassen, damit er warm bleibt.

FORTSETZUNG PASTA UND ANRICHTEN

Die Crème fraîche und Sahne in die Sauce rühren und weitere 5 Minuten köcheln lassen. Den Parmesan einrühren und alles mit Salz und Pfeffer abschmecken. Die Pasta abgießen, gut abtropfen lassen und sofort mit der Sauce vermengen.

Die Pasta auf Tellern anrichten, die Steaks daraufsetzen und mit Haselnuss-Thymian-Crunch-bestreuen.

ANHANG

REGISTER

Register nach Kapiteln

Carbs – Legalize them!

Fat-Tastic – Alles in Butter & Bacon

Wurst, Hack & Co.: Fleischgewordene Träume

Käse – Just say cheese!

NaCl – Die Formel zum Glück

Zucker – I want candy!

Hochprozentiges – Genuss mit Umdrehungen

ÜBER DIE AUTORIN & FOODSTYLISTIN

Henriette Wulff ist Kochbuch-Autorin, Rezeptentwicklerin, Foodstylistin, TV-Köchin, geprüfte Ernährungsberaterin und gibt ihre Freude am Genuss bei Kochevents und Kochkursen weiter. Die gebürtige Berlinerin kocht bereits seit ihrer Kindheit. Heute kann sich Henriette Wulff fast nichts Schöneres mehr vorstellen, als am Herd zu stehen und Menschen mit ihrer Freude am Kochen anzustecken – ob gemeinsam mit ihren Gästen, mit neuen Rezeptideen, appetitanregenden Foodstylings oder vor der Kamera. Neben dem Kochen liebt Henriette Wulff das Reisen. Hier begibt sie sich auf die Suche nach neuen Aromen, lernt die landestypischen Küchen kennen und lässt sich bei Restaurantbesuchen, an Streetfood-Ständen oder bei Spaziergängen über lokale Märkte inspirieren.
Mehr Infos unter www.henriettewulff.de

ÜBER DEN FOTOGRAFEN

Toby Wulff arbeitet seit 20 Jahren als erfolgreicher Fotograf und Filmemacher. Von seinem Standort in Berlin ist er in aller Welt unterwegs, um den richtigen Moment festzuhalten. Für seine Arbeiten wurde er mehrfach ausgezeichnet. Für seine Food-Fotografie unter anderem bei den »The Taste Awards«, die jährlich in Los Angeles verliehen werden. Außerdem ist Toby Wulff als erfolgreicher Produzent und Regisseur für Musikvideos für internationale Künstler tätig. Auch hier wurde er für seine Produktionen mit zahlreichen Preisen ausgezeichnet. Mehr Infos unter www.tobywulff.com

DANK

Ganz besonders möchte ich mich bei meinem wunderbaren Ehemann, fleißigsten Testesser, engagiertesten Unterstützer, geduldigsten Arbeitskollegen und allergroßartigsten Foodfotografen Toby Wulff bedanken, der mit mir gemeinsam dieses Kochbuch mit viel Leidenschaft, Liebe und Kreativität umgesetzt hat. Du bist der allerbeste der Besten!

Außerdem möchte ich mich herzlich bei meiner tollen Mama bedanken, die mich schon in jungen Jahren in ihre Küchengeheimnisse eingeweiht und damit meine Leidenschaft für den Genuss entfacht hat. Vielen Dank auch für deinen Support in allen Lebenslagen.

Ein riesengroßes Danke an meine allerliebste und wunderbare Tante – einfach für alles!

Ein Dankeschön von ganzem Herzen auch an meine lieben Onkels für eure Unterstützung. Ich habe wirklich großes Glück, dass es euch gibt!

Zu guter Letzt ein extradickes Dankeschön an meine fantastischen Leserinnen und Leser für euren Appetit auf meine Rezepte und Bücher!

IMPRESSUM

Verantwortlich: Sonya Mayer
Texte, Rezepte & Foodstyling: Henriette Wulff
Fotografie: Toby Wulff
Redaktion: Julia Voigtländer
Umschlaggestaltung: Sophie Schillo, unter Verwendung von Bildern von Toby Wulff
Layout: Helen Garner
Repro: LUDWIG:media
Korrektorat: Judith Bingel
Herstellung: Anna Katavic

Printed in Slovakia by Neografia

★★★★★

Sind Sie mit diesem Titel zufrieden? Dann würden wir uns über Ihre Weiterempfehlung freuen.
Erzählen Sie es im Freundeskreis, berichten Sie Ihrem Buchhändler oder bewerten Sie bei Onlinekauf. Und wenn Sie Kritik, Korrekturen, Aktualisierungen haben, freuen wir uns über Ihre Nachricht an: Christian Verlag, Postfach 40 02 09, D-80702 München oder per E-Mail an lektorat@verlagshaus.de

Unser komplettes Programm finden Sie unter:

www.christian-verlag.de

Die Deutsche Nationalbibliothek verzeichnet diese Publikation in der Deutschen Nationalbibliografie; detaillierte bibliografische Daten sind im Internet über http://dnb.d-nb.de abrufbar.

ISBN 978-3-95961-523-5